Diana Pitcher

Erstermann und Erstefrau

Originalausgabe: The Calabash Child
1980, David Philip Publisher, Claremont,
South Africa

CIP-Titelaufnahme der Deutschen Bibliothek

Pitcher, Diana:
Erstermann und Erstefrau: afrikanische Schöpfungsgeschichten /
Diana Pitcher. Mit Ill. von Meg Rutherford. Aus dem Engl.
von Susanne Koehler. – Wuppertal: Hammer, 1991
Einheitssacht.: The Calabash Child <dt.>
ISBN 3-87294-452-5

Umschlaggestaltung: Frank Ruprecht
Satz und Druck: Ebner Ulm
ISBN 3-87294-452-5

Diana Pitcher

Erstermann und Erstefrau

Afrikanische Schöpfungsgeschichten

Mit Illustrationen von Meg Rutherford

Aus dem Englischen von Susanne Koehler

Peter Hammer Verlag

INHALT

Anmerkung der Autorin

Die Vielfalt der ethnischen Gruppen in Afrika macht es unmöglich, von »Afrikanischen Erzählungen« als Ganzem zu sprechen. Ich habe deshalb die meisten meiner Geschichten aus den Erzählungen der einheitlichen Völkergruppe im südlichen Afrika und in Zentralafrika ausgesucht und habe sie vor dem Hintergrund des traditionellen Familienlebens der Zulu erzählt und dabei auch Zulunamen benutzt.

Erzählungen aus West- und Ostafrika habe ich nur da benutzt, wo die Geschichte in diesen Rahmen paßte. Zwei Vorstellungen jedoch finden sich, außer in Äthiopien, im ganzen Afrika südlich der Sahara. Der Hase ist immer der Bösewicht; er kann einfach boshaft, arglistig und schadenfroh sein, aber auch wirklich gehässig und auf Böses sinnend; und überall gibt es einen heiligen Hain oder einen heiligen See und in Verbindung damit stets ein übernatürliches Kind oder der Besuch eines übernatürlichen Geschöpfes. Moya und ihr Ort Manyeleti ist eine Version dieser Geschichte.

Erstermann und Erstefrau

Nkulunkulu hatte eben die Erde erschaffen. Es gab hohe Berge und riesige Felsen, einen Dornbusch im grünen Gras und einen tiefen dunklen See – so tief, daß sein Wasser schwarz schien, zu tief, als daß er die Farbe des Himmels hätte widerspiegeln können, ja, er war sogar so tief, daß ihn die Sonne mit ihrem Licht nicht durchdringen konnte. Auf dem Grund des Sees lagen zwei Schlangen. Die größere war so dick wie der Körper eines Mannes, und sie lag wie eine Spirale aufgeringelt da – zählte man die Ringe, so waren es so viele, wie man Finger an den Händen und Zehen an den Füßen hat, ein jeder Ring ein wenig kleiner als der vorige. Ganz obenauf lag ihr flacher Kopf mit den dunkel glänzenden Augen und der gespaltenen Zunge. Neben ihr lag eine kleinere Schlange, ihr Körper war schlanker, ihre Farbe etwas heller, sie lag nur in so vielen Ringen da, wie man Finger an den Händen hat, ihr Kopf war flacher, ihre Augen glänzten heller, und ihre Zunge züngelte sanfter.

Auf dem Grund des Sees war es nicht nur dunkel – es war kalt und ganz still. Es war so kalt, daß sogar die Schlangen vor Kälte zitterten, und so still, daß weder Wind noch Donner zu hören waren, wenn die Stürme wüteten.

Und dann, eines Tages, stürzte sich der Blitz ins Wasser. Sein blendendes Licht schoß auf den Grund des Sees, und das Wasser teilte sich einen kurzen Augenblick lang, und die große Schlange sah die Welt am Ufer des Sees. Sie sah die gelben Federn unter dem Schwanz des Vogels Bülbül, der den Nektar aus den Blüten der roten Aloe trank; sie sah die langen Zehen vom Weibchen des Wasserläufers, das anmutig auf den Blättern der Seerosen übers Wasser stelzte; sie sah die leuchtendgrünen Spitzen der braunen Flügel des Haubeneisvogels, als er herunterstieß, um mit seinem langen Schnabel einen kleinen silbrigen Fisch zu fangen; sie sah den langen, weichen und grauen Schwanz des Mausvogels, der den knorrigen Stamm eines Baumes hochkletterte; sie sah die scharlachrote Brust des Sonnenvogels und die schwarzen und orangefarbenen Muster auf dem breiten Schwanz des Witwenvogels; sie sah den gebogenen gelben Schnabel des Nashornvogels, sie sah den gestreiften Kopf des Bartvogels und den langen ziegelroten Schwanz des Fliegenschnäppers; sie sah den scharlachroten Bienenfresser, der sich gerade auf dem Rücken der großen Koritrappe niederließ, und sie sah die roten Wangen und blauen Brüstchen der Weberfinken, die ihr Familiennest in einer Astgabel des Wart-ein-Weilchen-Baumes bauten – ein Nest so groß, daß wohl hundert Vögel darin Platz fanden; und gerade als sich das Wasser wieder schließen wollte, sah sie die hellgrünen, schwarzgeäderten Eier von ...

Das Wasser schloß sich über ihrem Kopf, und der Blitz zog sich in die Wolken zurück. Erstaunt blinzelte die Schlange in der Dunkelheit und dachte voll Verwunderung an die Schönheit jener Welt über ihrem nassen Zuhause. Ein Beben durchlief ihren langen Körper.

»Frau«, sagte sie zu der kleineren Schlange, die aufgeringelt an ihrer Seite lag. »Ich habe die Welt gesehen, die Nkulunkulu gemacht hat. Sie ist so schön, daß ich sie dir nicht zu beschreiben vermag. Ich kann nicht mehr länger hier in der Dunkelheit bleiben. Ich muß hinauf und die Erde mit ihren Bäumen und Vögeln sehen, mit ihren Farben und Formen, mit ihrem Licht und ihrer Wärme.«

»Wie willst du auf der Erde leben?« fragte die kleinere Schlange. »Willst du auf dem Bauch kriechen, und über dir in der Luft fliegen die Vögel am blauen Himmel und verachten dich, weil du so gering bist?«

»Ich werde nicht auf dem Bauch kriechen«, sagte die große Schlange, »ich werde aufrecht gehen. Komm mit mir!«

Ganz langsam richteten sich die Schlangen auf und begannen, sich Seite an Seite durch das trübe Wasser nach oben zu bewegen. Die große Schlange fühlte, wie ihr Schwanz zitterte, sie schlug damit durchs Wasser und spürte, wie er sich teilte, wie daraus zwei ... nein, nicht zwei Schwänze wurden, sondern zwei Beine mit Füßen daran und mit fünf Zehen an jedem Fuß. Sie zappelte mit den Beinen und stieg dadurch ein wenig schneller zur Oberfläche des Wassers empor. Ein seltsam prickelndes Gefühl durchlief ihren Hals, und da begannen ihr auch schon Arme zu wachsen, jeder mit einer starken Hand, die vier starke Finger hatte und einen Daumen. Sie schlug mit den neuen Armen ins Wasser und stieg noch ein wenig schneller hoch. Ihr Kopf wurde rund und groß, und als die Schlangen die Wasseroberfläche erreicht hatten und durch die Blätter der Seerosen drängten, waren sie keine Schlangen mehr, sondern aus ihnen waren ein Mann und eine Frau geworden.

Er schaute seine Frau an. Ihr runder Kopf war mit winzigen schwarzen Löckchen bedeckt, ihre sanften braunen Augen schauten lebhaft um sich und betrachteten die

Schönheit der Welt, die sie umgab, ihr schöngeformter Körper war glänzend braun und ihre langen Beine fest und glatt. Er wußte, daß Erstefrau die schönste, die sanfteste, die weiseste Frau war, die Nkulunkulu jemals erschaffen würde.

Sie schaute ihren Mann an. Sein mächtiger Kopf war mit festen geringelten schwarzen Locken bedeckt, seine braunen Augen schauten furchtlos auf die herrliche Welt, die ihn umgab, seine Arme und Beine waren stark. Sie wußte, daß Erstermann der klügste und tapferste Mann war, den Nkulunkulu jemals erschaffen würde.

»Komm«, sagte er und nahm ihre Hand, »komm, wir wollen uns diese Welt mit ihren Bäumen und Felsen anschauen, mit den Vögeln, die am blauen Himmel fliegen und flattern, und dem weichen Gras unter unseren Füßen. Wir wollen uns an den Strahlen der Sonne wärmen, und dann wirst du eine runde Hütte mit einem einzigen Eingang bauen, und du wirst das lange Gras schneiden und daraus das Dach für die Hütte machen. Ich werde auf die Jagd gehen und eine junge Antilope zurückbringen, und dann wirst du ein Essen kochen, und wir werden unter der Tür der Hütte zusammen essen und zuschauen, wie die Sonne hinter den Bergen versinkt. Wenn die Dunkelheit hereinbricht, werden wir in der Hütte schlafen. Nie wieder werden wir im Wasser auf dem Grund des Sees leben.«

Erstermann und Erstefrau gingen über das weiche Gras an den Ufern des Teiches, und dann wanderten sie zusammen hinaus in das weite Land.

Tokoloshi

Erstefrau hackte das Unkraut aus, das sich zwischen den Maispflanzen breitgemacht hatte, und sang dabei fröhlich vor sich hin. Die Kolben wurden immer dicker, und ihre grünen Haarbüschel leuchteten golden im Sonnenschein. Bald würden sie reif zur Ernte sein – einige würde sie trocknen und für die Winterzeit aufbewahren, aus anderen würde sie die Körner herausnehmen und daraus grobes, gelbes Mehl mahlen, um Maisbrei für sich und Erstermann zu kochen, aber, was am allerbesten war – einige würde sie in die glühende Asche legen und sie rösten, bis die Körner knusprig braun wurden, und dann schmeckten sie herrlich.

Sie ließ die Hacke einen Augenblick ruhen und streckte sich in der warmen Sonne. Sie stand ganz still, und da hörte sie ein Flüstern in ihrem rechten Ohr. »Geh und suche die Reihe mit den Kalebassenkürbissen«, flüsterte es. »Geh und suche die Kalebassen!«

Erstefrau legte die Hacke nieder und machte sich auf den Weg. Sie ging an der Hütte vorbei und lief über das offene Grasland auf die drei Wart-ein-Weilchen-Bäume zu, die in einer Reihe am anderen Ufer des tiefen Sees wuchsen. Unter den Bäumen sah sie drei Kalebassen, die mit der Öffnung nach unten nebeneinander standen. Was konnte das wohl bedeuten, dachte sie – die Kalebassen gehörten nicht ihr. Wer hatte sie dorthin gestellt? Warum standen sie mit der Öffnung nach unten da? Erstefrau bekam Angst. Wer hatte ihr beim Arbeiten auf dem Feld ins Ohr geflüstert?

»Hol die Kalebasse!« Wieder flüsterte jemand in ihr rechtes Ohr. »Hol die Kalebasse!«

Die Luft war ganz still. Kein Wind wehte durchs Gras oder schüttelte die Blätter an den Bäumen; kein Vogel sang. »Hol die Kalebasse!« Sie bückte sich, nahm die erste Kalebasse in die Hand und drehte sie um. Sie war leer.

»Hol die Kalebasse!«

Sie bückte sich wieder und drehte die zweite Kalebasse um. Auch sie war leer.

»Hol die Kalebasse!«

Zitternd vor Angst bückte sie sich und nahm die letzte Kalebasse in die Hand. Ein schwarzer Schatten glitt heraus, und sie fühlte eine Berührung, so sanft wie eine Feder, auf ihrer rechten Schulter. Aus dem Augenwinkel sah sie einen kleinen schwarzen Geist, der auf ihrer Schulter saß und sich an ihren Hals lehnte. Er war so groß wie dein Zeigefinger und schwarz wie eine mondleere Nacht. Sie wandte ihren Kopf nicht um und versuchte auch nicht, ihn direkt anzuschauen – wer weiß, vielleicht wollte er nicht gesehen werden.

»Erstefrau, du hast mich vor dem Tod in der Kalebasse bewahrt«, flüsterte es weiter. »Du bist gut und tapfer. Ich werde dich belohnen. Komm mit mir!«

Der Schatten glitt vor ihr her. Manchmal konnte sie ihn sehen, manchmal verschwand er unter einem Stein. Und manchmal wurde er ein Blatt an einem Baum. Doch dann erschien er wieder, so groß wie dein Zeigefinger und so schwarz wie eine mondleere Nacht. Sie wagte kaum zu atmen, aber sie folgte ihm über den steilen Felsabhang hinunter, wo der Skorpion wohnte, über den Hügel hinweg, wo nachts der Hase herumtollte, bis sie schließlich zu einem großen, einsamen Felsblock kamen, auf dem ein kleinerer grauer Felsen lag, der in der Sonne schimmerte.

Der Schatten glitt wieder auf ihre Schulter.

»Steig auf den großen Felsen und stoße den kleinen hinunter!« flüsterte es wieder in ihrem Ohr. »Stoße den kleinen hinunter!«

Erstefrau schaute zu dem kleinen Felsen hinauf. Er war viel kleiner als der hochaufragende Felsblock, doch trotzdem war es ein sehr schwerer Steinbrocken. Wenn nur Erstermann da wäre, um ihr zu helfen.

Sie riß sich die Knie auf, und ihre Zehen bluteten, als sie auf den großen Felsen hinaufkletterte; oben angekommen, stemmte sie sich mit aller Kraft gegen den kleinen Felsen, um ihn hinabzustoßen, aber er rührte sich nicht.

»Probier's noch mal«, flüsterte die Stimme, »noch einmal!«

Wieder stemmte sie sich gegen den Felsen, der so hoch oben lag, und plötzlich spürte sie, wie er sich ein klein wenig bewegte und noch ein wenig mehr und dann noch mehr. Noch eine letzte große Anstrengung und der Felsbrocken stürzte mit großem Krachen in die Tiefe. Wo er gelegen hatte, sah sie eine tiefe, dunkle Höhle, in der sich etwas bewegte. Sie sprang hinunter ins Gras und wartete.

Und da sah sie, wie ein großer Stier aus der Höhle trat, seine Schultern waren breit und schwer, ein großer Hökker zierte seinen Nacken, und in seinen Augen funkelte es wild. Hinter ihm kam eine Kuh und mit ihr drei anmutige Färsen mit einem Fell so braun wie welke Blätter. Sie suchten sich ihren Weg über den Felsen hinab ins grüne Gras und begannen zu fressen. Ein frecher Ziegenbock mit einem Bart, so grau wie der Felsen, aus dem er gekommen war, folgte und danach drei wunderhübsche kleine Ziegen, die mit ihren zierlichen Hufen leichtfüßig den Weg über den nackten Felsen fanden.

»Treibe deine Herde nach Hause, Erstefrau«, flüsterte ihr die Stimme ins Ohr. »Die Kuh wird Kälber haben und die Kälber noch mehr Kälber. Aus ihnen werden Kühe werden, die euch Milch geben, die ihr trinken könnt, und die Stierkälber werden zu Ochsen werden, die euch den Pflug ziehen und euch Fleisch geben, wenn die Jagd schlecht ist. Nimm dich besonders der Ziegen an. Wenn die Kühe trocken stehen, werden euch die Ziegen Milch geben, und ihr Fleisch wird über dem Feuer braten und euren Hunger stillen, wenn die Antilopen die weiten Grasebenen verlassen und auf Wanderschaft gehen. Geh im Frieden, Erstefrau.« Der kleine schwarze Geist war verschwunden.

Erstefrau trieb die Herde nach Hause und wartete auf Erstermann, der auf Jagd war.

Wie erstaunt war er, als er bei seiner Rückkehr drei mit Milch gefüllte Kalebassen unter dem Wart-ein-Weilchen-Baum vorfand und über dem Feuer einen Topf mit köstlich duftendem Ziegenfleisch. Aber noch erstaunter war er, als ihm die Erstefrau erzählte, was ihr widerfahren war.

»Du hast mit Tokoloshi gesprochen«, sagte er. »Er ist ein großer und mächtiger Geist, obwohl er tatsächlich nur so groß ist wie dein Zeigefinger und so schwarz wie eine mondleere Nacht.«

Und so bekamen Erstermann und Erstefrau ihr Vieh und ihre Herden.

Das Kalebassenkind

Erstefrau hatte sehr schwer gearbeitet. Es gibt ja so viel zu tun, wenn niemand da ist, der einem zur Hand geht. Erstermann war entweder auf der Jagd, oder er saß draußen vor der Tür seiner Hütte in der Sonne – denn, das weiß ja jeder, hacken und Unkraut jäten, kochen und saubermachen ist die Arbeit von Frauen und Kindern. Deshalb kehrte Erstefrau die Hütte aus, mahlte den Mais zwischen zwei flachen Steinen und kochte daraus den Brei; sie melkte die Kühe und füllte die Milch in Kalebassen, die sie in den Schatten unter die Bäume stellte, dort wurde die Milch zu *amasi*, zu köstlicher, dicker Sauermilch. Sie hielt die Felder vom Unkraut frei und versorgte die Ziegenherde. Wenn der Tag zu Ende ging, war Erstefrau sehr, sehr müde. Hätte Erstefrau doch ein Kind, dann wäre jemand da, der ihr helfen könnte.

Der Mais war fertig gemahlen, und sie setzte sich auf, streckte den steifen Rücken und die schmerzenden Schultern, hob den Kopf und wandte sich den wärmenden Strahlen der Sonne zu. Sie hätte so gerne einen kleinen Jungen gehabt. Solange er noch klein war, könnte er das Vieh hüten, diese Arbeit fiel ihr am schwersten; wenn er dann älter war, würde er eine Frau heiraten, und auch sie würde Kinder haben, die ihr bei der täglichen Arbeit zur Hand gehen konnten. Ja, sie wünschte sich sehr ein kräftiges, braunes Baby, das zu einem furchtlosen und tapferen Jäger, wie Erstermann einer war, heranwachsen würde.

Sie schaute auf die fernen, hohen Berge. Die Welt war in dieser Jahreszeit wunderschön. Das grüne Gras begann eben die braune Erde zu bedecken; die Bäume zeigten blasse, hellgrüne Blätter; der Bartvogel mit seinem gestreiften Kopf hüpfte hierhin und dorthin, und Hunderte von blaubrüstigen Weberfinken, die ihr großes Familiennest in dem Wart-ein-Weilchen-Baum auf der anderen Seite des Sees bauten, leuchteten wie kleine blaue Pfeile auf, wann immer sie sich im Flug von den Strahlen der Sonne einfangen ließen.

Sie seufzte tief und hörte in ihrem rechten Ohr, wie sich das Seufzen wiederholte.

»Säe die Kalebassensamen«, flüsterte ihr das Seufzen ins Ohr. »Säe die Kalebassensamen!«

Erstefrau wußte wohl, woher dieses Flüstern kam. Ohne hinzuschauen wußte sie, daß Tokoloshi auf ihrer Schulter saß – so groß wie dein Zeigefinger und so schwarz wie eine mondleere Nacht, und sie wußte auch, daß man sich Tokoloshis Anweisungen niemals widersetzte.

Sie ließ das Maismahlen sein, stand auf, ging in die Hütte hinein und holte einen Kalebassenkürbis aus dem Gras, mit dem das Dach gedeckt war; dort oben hatte sie ihn aufbewahrt, damit er frisch bliebe. Sie schnitt ihn auf und kratzte die Samenkörner heraus. Dann ging sie hinaus hinter die Hütte, wo sie sorgfältig ein kleines Stück Land umgrub und die Samenkörner in zwei geraden Reihen in die Erde steckte. Danach nahm sie die leeren Kürbisschalen, lief damit hinunter zum See, füllte sie mit Wasser, trug sie vorsichtig zurück und begoß die trockene Erde. Aus dem Augenwinkel schaute sie auf ihre rechte Schulter, aber Tokoloshi war verschwunden. Sie begann wieder den Mais zu mahlen.

Als Erstefrau am nächsten Morgen erwachte, sah sie, daß die Samen schon aufgegangen waren. Die kleinen Pflanzen waren so hoch wie von der Spitze des Daumens bis zur Spitze des kleinen Fingers deiner gespreizten Hand. Am Abend reichten ihr die Pflanzen bereits bis zur Schulter, und an einer Pflanze war eine große Knospe. Als die Sonne am zweiten Morgen aufging, hatte sich die Knospe zu einer wunderschönen Blüte geöffnet. Und als die Sonne am dritten Morgen aufging, war aus der Blüte ein großer, reifer Kürbis geworden. Ehe sie sich schlafen legte, schnitt Erstefrau den Kürbis ab und legte ihn in das Grasdach ihrer Hütte, wo er vor der Sonnenhitze geschützt war. Dort konnte er langsam trocknen und bekam keine Risse.

Als die Sonne am vierten Morgen aufging, machte sich Erstefrau mit ihrer Hacke auf den Weg hinaus zu ihren Feldern. Heute war sie wirklich sehr müde. Obwohl sich die Wolken jeden Nachmittag am Himmel auftürmten, war die Regenzeit noch nicht angebrochen, und die Erde war hart und trocken. Die Maispflanzen wurden bereits gelb, und sie fürchtete, sie könnten nicht groß genug werden, um Kolben zu tragen. Das Hacken ging so schwer – seltsam, daß das Unkraut immer weiter wuchs, wo doch der Mais verkümmerte.

Als die Sonne direkt über ihr stand, machte sie sich auf den Heimweg. Erstaunt blieb sie vor der Hütte stehen. Der Fußboden war sauber gekehrt. Die Kalebassen waren mit Milch gefüllt und warteten nur darauf, in den Schatten gestellt zu werden. Die trockenen und leeren Maiskolben lagen ordentlich aufgeschichtet neben der Feuerstelle, bereit für das abendliche Feuer. Die Maiskörner waren zu grobem, gelbem Mehl gemahlen. Sie setzte sich draußen neben dem Eingang in die Sonne und wartete auf Erstermann. Es tat gut, stillzusitzen und sich ein wenig auszuruhen.

Als die Sonne hinter den Bergen unterging, kam Erstermann nach Hause. Schon von weit draußen im Grasland sah er seine Frau vor der Hütte sitzen. Dann bemerkte er, daß sie fest eingeschlafen war. Zuerst war er sehr böse. Wenn Erstefrau schlief, dann würde sein Essen nicht bereit sein. Aber er machte sich auch Sorgen. Den ganzen Tag über hatte er keine einzige Antilope gesehen. Selbst die Springböcke waren verschwunden. Die Wasserlöcher waren ausgetrocknet, und die Tiere hatten auf der Suche nach Wasser die großen Ebenen verlassen und waren weitergewandert.

Bei der Hütte angekommen, wollte er gerade Erstefrau wach rütteln, als ihm der köstliche Duft von gebratenem Fleisch und gerösteten Maiskolben in die Nase stieg; er sah, daß das Feuer brannte und der Kochtopf voll war, und er sah die Maiskolben zum Rösten in der Glut liegen.

Erstefrau nahm selbst im Schlaf seine Überraschung wahr und wachte langsam auf.

»Wie hast du es geschafft, während du schliefst die Hütte sauberzumachen und das Essen zu kochen?« fragte Erstermann.

Erstefrau erzählte ihm, was geschehen war, wie sie die Kürbissamen in die Erde gesteckt, den Kürbis abgeschnitten und im Gras des Daches aufbewahrt hatte; wie sie auf dem Feld so müde geworden war und bei ihrer Heimkehr die getane Arbeit und das Essen auf dem Feuer vorgefunden hatte.

Erstermann saß lange Zeit schweigend da, ehe er zu sprechen begann. »Tokoloshi«, sagte er schließlich, »ist ein mächtiger Geist, auch wenn er wirklich nur so groß ist wie dein Zeigefinger.«

»Und so schwarz wie eine mondleere Nacht«, fügte Erstefrau hinzu.

»Wo hast du den Kürbis hingelegt?« fragte Erstermann.

»Dort hinauf, in das Gras des Daches«, und Erstefrau deutete mit dem Finger dorthin, wo er lag.

Erstermann reichte nach oben und schob das Gras ein wenig beiseite. Und da saß ein kleiner brauner Junge – seine Haut schimmerte in der Dunkelheit, seine Zähne waren weiß, seine Augen groß und braun, seine Glieder glatt und kräftig. Er lächelte sie freundlich an.

»Tokoloshi hat dir einen Sohn geschickt«, sagte Erstermann.

»Wir werden ihn Vugiswe nennen«, sagte Erstefrau, »Vugiswe – der unser Volk erwecken und groß machen wird«, und sie nahm den kleinen Jungen in ihre Arme, wo er sicher und geborgen lag, und wiegte ihn in Schlaf.

Regenbogen

Noch immer war die Regenzeit nicht angebrochen. Die Maispflanzen waren vertrocknet und hatten kein Leben mehr in sich. Das Gras war braun und hart, und das Vieh konnte es nicht mehr fressen. Die Kühe waren so mager, daß man ihre Rippen durch das Fell sehen konnte; sie gaben keine Milch mehr, und das klägliche Muhen der Kälber wurde von Tag zu Tag schlimmer. Wenn es nicht bald regnete, würden die Kälber sterben.

Erstermann kam mit leeren Händen von der Jagd zurück. Im ganzen weiten Grasland gab es kein Wild mehr, also gab es auch kein Fleisch zu essen. Die Ziegen waren zu mager, als daß man sie hätte schlachten können. Der Mais war zu Ende. Wenn es nicht bald regnete, würde es keine Nahrung mehr geben und Erstermann würde sterben.

Vugiswe lag still neben der Hütte. Er war zu müde, um sich zu bewegen. Erstefrau war den ganzen Tag über draußen gewesen und hatte nach Rinde und Beeren gesucht, aus denen sie hätte eine Suppe für Vugiswe kochen können, aber die Sonne hatte alles, was wuchs, ausgetrocknet, und es gab nichts mehr zu essen. Wenn es nicht bald regnete, würde Vugiswe sterben.

Erstefrau machte sich auf den Weg hinunter zum See. Die Bäume am Ufer hatten keine Blätter mehr. Nirgendwo war Bülbül zu hören, Mausvogel und Eisvogel waren verschwunden. Im See war kein Wasser. Sie konnte bis auf den Grund des Sees schauen, dort unten klafften tiefe Risse

– die brennenden Strahlen der Sonne hatten den Schlamm steinhart werden lassen. Es gab kein Wasser mehr zum Trinken. Wenn es nicht bald regnete, würde Erstefrau sterben.

Jeden Tag schien die Sonne. Am Morgen erhob sie sich in einen wolkenlosen Himmel. Nachmittags türmten sich schwarze Wolken um sie her, doch Abend für Abend verschwanden sie wieder hinter den Bergen und brachten keinen Regen. Erstermann wurde immer dünner und sehr müde. Erstefrau wurde immer dünner und sehr verzweifelt. Vugiswe war zu schwach, um nach Nahrung zu verlangen.

»Nkulunkulu«, rief Erstefrau eines Abends. »Nkulunkulu, die schöne Welt, die du gemacht hast, stirbt. Das Gras wächst nicht mehr, die Herden können nicht weiden, die Vögel singen nicht mehr. Nkulunkulu, erbarme dich deiner Welt, habe Mitleid mit deinem Volk.« Die ganze Nacht stand sie vor ihrer Hütte, die Arme zu den Bergen erhoben, denn sie war sicher, daß Nkulunkulu dort wohnte. Unablässig wiederholte sie: »Nkulunkulu, erbarme dich deiner Welt, habe Mitleid mit deinem Volk«, und ihre Stimme wurde dabei immer schwächer und immer leiser.

Hoch oben in den Bergen hörte Nkulunkulu ihr Rufen, und sein Herz wurde weich. Er erhob seine Augen zum Himmel und rief seinen Vater an, Nvelingange, den großen allmächtigen Nvelingange, dessen Kopf über das Blau des Himmels herrscht und dessen Füße auf den Wolken ruhen.

»Vater«, flehte er, »du hast mich die Erde erschaffen lassen, und nun zerstörst du sie. Sende Regen, mein Vater, sonst wird mein Volk sterben.«

Nvelingange hörte seinen Sohn, und der Gedanke an Nkulunkulus sterbende Erde machte sein Herz traurig.

Am nächsten Morgen ging die Sonne nicht auf. Der

ganze Himmel war mit schwarzen Wolken bedeckt, die so dick waren, daß Nkulunkulu die auf den Wolken ruhenden Füße Nvelinganges nicht mehr sah. Immer tiefer senkten sich die Wolken herab, bis selbst die hohen Berge darin verschwanden und Nkulunkulu nicht mehr hinunter in die Ebene schauen konnte. Nvelingange packte den Blitz beim Schwanz und schleuderte ihn durch die dunklen Wolkenmassen. Der Blitz durchbrach zischend die Wolken und fuhr mit gleißendem Licht in die Felsen, aus denen Erstefraus Herden gekommen waren. Der Donner antwortete ihm brüllend, und als das Echo seiner Stimme über die Ebenen hallte, begann der Regen zu fallen. Große, schwere Wassertropfen schlugen Löcher in die trockene Erde, schlugen Zweige von den dürren Bäumen, warfen das alte Nest der Weberfinken zu Boden, trommelten auf das Grasdach der Hütte und versuchten, Löcher in das Dach zu schlagen – doch Erstefrau konnte die besten Grasdächer der Welt machen, und dem Regen gelang es nicht, in die Hütte einzudringen.

Mächtige Ströme voll Regenwasser stürzten sich von den Bergen herab und ergossen sich in das Grasland – sie füllten die Wasserlöcher, füllten den See, füllten die leeren Wurzeln von Gras und Bäumen. Den ganzen Tag über schauten Erstermann und Erstefrau und Vugiswe von der Hütte aus zu, wie der Regen auf die Erde trommelte, denn noch nie hatten sie die Wolken so schwarz gesehen; noch nie war der Blitz so hell und der Donner so laut gewesen; noch nie hatten sie solche Wassermassen auf die Erde fallen sehen.

Dann, als es auf den Abend zuging, wurden die Regentropfen kleiner und fielen sanfter auf die Erde. Die Wolken wurden heller und verzogen sich ein wenig, so daß hier und da kleine Flecken eines blaßblauen Himmels zum Vorschein kamen.

Die Erde strömte einen betäubenden Duft aus – den Duft von frischem Gras, das zu wachsen begann, den Duft der neuen Blätter, die aus neuen Knospen hervorbrachen. Aus dem großen See, der jetzt wieder voll mit dunklem, kaltem Wasser stand, stieg eine feine Dunstwolke. Der Eisvogel tauchte hinab und fing einen silbrigen Fisch.

Als Erstefrau zur Hütte hinausschaute, bot sich ihr ein Anblick, wie sie ihn herrlicher noch nie gesehen hatte. Was sie sah, war noch viel schöner als das, was Erstermann gesehen hatte, als er noch eine Schlange gewesen und durch das Wasser die Vögel des Himmels geschaut hatte.

Über den ganzen Himmel spannte sich von den Bergen bis in die Ebenen ein großer Bogen aus farbigen Bändern – rot, gelb, blau, grün, orange. Noch einmal donnerte es mächtig und tief, und aus dem Donner hörte Erstefrau Nvelinganges Stimme – es war das allereinzigste Mal, daß jemand überhaupt Nvelinganges Stimme hörte. »Schau auf den Regenbogen, du Frau«, sagte die Stimme. »Er ist mein Zeichen dafür, daß ich niemals wieder den Regen zurückhalten werde, niemals wieder sollen Menschen nach Nahrung schreien, weil die Erde verdurstet. Schau auf den Regenbogen, er ist das Zeichen meines Versprechens.«

Und Erstefrau wußte, daß sie keine Angst mehr zu haben brauchte, nie mehr. Wie groß die Trockenheit auch sein mochte, wie lange auch der Regen auf sich warten ließ – Nvelingange würde niemals wieder die Welt mit dem Tod bedrohen. Der Regenbogen war sein Zeichen, und Nvelingange hielt immer, was er versprochen hatte.

Der Hund

Es war der kälteste Winter, an den sich Erstermann jemals erinnern konnte. Die Wolken, die sonst nur im Sommer den Himmel bedeckten, waren an den Bergen hängengeblieben und hatten die hohen Gipfel viele Tage lang versteckt gehalten. Als sie sich dann schließlich verzogen und die Sonne wieder durchscheinen ließen, hatten sich die Berggipfel einen glitzernden weißen Umhang umgelegt. Der Wind, der sonst warm aus der Ebene zu den Bergen hin wehte, hatte eine andere Richtung eingeschlagen, und auf seinem eiligen Weg von den Bergen herab in die Ebene, schickte er kalte Windstöße vor sich her. Er war kalt, noch viel kälter als das Wasser auf dem Grund des Sees, wo Erstermann gelebt hatte, als er noch eine Schlange gewesen war.

Um sich vor der Kälte zu schützen, machte Erstefrau zuerst für Erstermann und für Vugiswe Umhänge aus Antilopenfell, dann auch für sich selbst, doch trotzdem zitterten sie vor Kälte, wenn sie die Hütte verließen.

Es war so kalt, daß selbst die Tiere im Grasland auf der Suche nach wärmeren Gefilden weggezogen waren, und bald war weit und breit kein Wild mehr zu sehen. Nur die Hyäne war noch da und mit ihr der Hund, und beide waren sie nahe am Verhungern. In normalen Zeiten folgte die Hyäne dem Löwen und fraß, was er ihr übrigließ, und der Hund war immer der Hyäne auf den Fersen geblieben. Nun war der Löwe weggezogen, und weder der Hyäne noch dem Hund gelang es, eigene Beute zu machen, denn es gab kein Wild mehr, das klein genug für sie gewesen wäre. Mit jedem Tag froren sie mehr, und mit jedem Tag wurden sie hungriger, bis die Hyäne schließlich sagte: »Komm, wir verlassen das Grasland und folgen dem Löwen, ich komme sonst um vor Hunger.« Zusammen machten sie sich auf den Weg.

Plötzlich blieb der Hund stehen. Er roch Fleisch, gebratenes Fleisch. Der Speichel troff ihm aus dem Maul, und sein Magen knurrte laut. Er wußte genau, woher der Duft kam. Er kam aus Erstefraus Kochtopf. Er wußte auch, daß Erstefrau auf die Hyäne nicht gut zu sprechen war – wie oft hatte sie die kleinen Kälber überfallen oder die fetten jungen Hühner gestohlen, die in der trockenen Erde nach Körnern kratzten. Der Hund wußte wohl, daß Erstefrau sie beide haßte, aber er wußte auch, wenn er nicht bald etwas zu essen bekäme, würde er sterben.

»Hyäne«, sagte er, »komm, wir gehen zuerst zur Hütte von Erstefrau, sie wird uns bestimmt etwas zu essen geben.«

»Bist du verrückt?« antwortete die Hyäne. »Weißt du denn nicht, daß Erstefrau das Feuer hat? Das Feuer brennt. Es verbrennt den Boden, auf dem du stehst, es verbrennt das Gras und die Bäume, es verbrennt dir die Pfoten und versengt die Haare von deinem Fell. Lieber würde ich sterben, als in die Nähe des Feuers zu gehen.« Und damit wandte sich die Hyäne um und trottete weiter auf ihrem Weg hinter dem Löwen her.

Der Hund hob die Nase und roch wieder das Fleisch. Er würde es riskieren und das Feuer in Kauf nehmen. Er duckte sich, bis er fast auf dem Bauch lag, sein Rücken nur ein wenig höher als die Schultern, und kroch dem Geruch des Fleisches nach. Nun sah er Erstermann und Erstefrau und Vugiswe am Feuer sitzen. Er sah die orangefarbenen Flammen, die am Holz leckten und es auffraßen, er sah die unheimlichen, flackernden Schatten, die das Feuer über das Gras hinweg auf ihn warf. Es stimmte schon, das Feuer würde ihn verbrennen, wenn es ihn erwischte, doch wenn er nur noch ein bißchen näher käme, ein ganz klein wenig näher, würde er die Wärme des Feuers spüren, und es könnte immerhin sein, daß Erstermann oder Erstefrau einen Knochen, an dem kein Fleisch mehr war, achtlos beiseite warfen.

Der Hund duckte sich noch ein wenig mehr und kroch noch etwas näher. Er lag still und gab ein winziges Knurren von sich. Erstermann schaute auf. Er sah das zusammengekauerte Tier, schenkte ihm aber keine Beachtung. Kein wildes Tier würde sich zu nahe ans Feuer heranwagen.

Ganz langsam kam der Hund wieder einen Schritt näher. Jetzt spürte er die Wärme des Feuers. Wenn er noch ein wenig näher käme, würde ihn vielleicht die eisige Kälte verlassen, die seinen Körper so steif gemacht hatte. Auch wenn er nichts zu essen fände, könnte er sich wenigstens wärmen. Vugiswe schaute auf. Ihm gefiel der Hund, er mochte sein glattes, braunes Fell und seine spitze, schwarze Schnauze, doch gleichzeitig wußte er, daß der Hund ein wildes Tier war und mit der Hyäne jagte. Vugiswe beugte sich vor und holte sich noch ein Stück Fleisch aus dem Kochtopf.

Ganz, ganz vorsichtig wagte sich der Hund wieder einen Schritt näher, zaghaft wedelte sein Schwanz einmal hin und her, er winselte. Erstefrau schaute auf. Sie sah den abgemagerten, knochigen Körper des Hundes und wußte, daß ihm der Hunger im Bauch nagte; sie sah das Zittern seiner Glieder und verstand die Kälte, die ihn auffraß. Sie schaute ihm in die bittenden Augen. Das waren weder die Augen einer Hyäne noch eines Schakals. Es waren Augen, die von Mut, von Liebe und Treue sprachen.

Sie nahm einen Knochen und hielt ihn in der ausgestreckten Hand. Der Hund kroch näher. Würde Erstefrau ihn damit schlagen? Würde sie nach ihm werfen? Noch immer hielt sie den Knochen in der Hand. Er öffnete das Maul. Sie saß ganz still. Da nahm er den Knochen. Sie rückte ein wenig zur Seite, damit er näher am Feuer liegen konnte. Ganz sanft streichelte sie ihm den Kopf. Und der Hund wurde zum Diener des Menschen.

Der Hase und das Krokodil

Als der Wind sich endlich wieder in die Wurzeln der Bäume und auf den Grund des Geheimen Sees zurückgezogen hatte, schien die Sonne wieder wärmer, der weiße Umhang der Berggipfel wurde immer kleiner, und aus seinem Saum heraus begannen kleine Rinnsale die Berghänge hinabzufließen. Zuerst suchten sie sich ihren Weg um die großen Felsen herum, rannen schwatzend über die Kieselsteine, gurgelten um die Wurzeln der großen Bäume. Als sie unten ankamen, flossen sie alle in einem großen Bach zusammen und machten sich auf den Weg hinaus in das Grasland. Sie nahmen die Wasserratte mit und die Wühlmaus, Fische und Frösche, Kaulquappen und die Wasserschlange, Schnecken, die Ente und – das Krokodil. Als der Fluß bei der Hütte von Erstefrau ankam, war er breit und tief, glänzte in der Sonne und brachte Wasser zum Trinken und Wasser zum Waschen mit sich, Wasser zum Kochen und Wasser, in dem man spielen konnte.

Vugiswe saß am Ufer des Flußes, knetete Kugeln aus nassem Lehm und machte daraus kleine Ochsen. Sorgfältig formte er jedes Horn, glättete jede Nase, gab jedem einen Höcker auf den Rücken, bis neben ihm vier Ochsen, je zwei beieinander, im Gras standen. Mit den Füßen ganz nahe am Wasser legte er sich befriedigt ins Gras, die Hände hatte er unter dem Kopf gefaltet.

Am anderen Ufer glitt ein großes, graues Ungetüm lautlos ins Wasser, seine lange graue Schnauze glich auf höchst außergewöhnliche Weise einem alten Baumstamm, der im Wasser trieb.

Der Eisvogel hatte es gleich bemerkt und flog schleunigst in den Baum, unter dem Vugiswe lag. Dort klapperte er mit dem Schnabel und schlug heftig mit den Flügeln. Vugiswe lachte ihn an. »Du solltest nach silbrigen Fischen tauchen, kleiner Vogel«, sagte er.

Auch der Mausvogel sah den grauen Baumstamm im Wasser und kletterte eilends den Baum hinauf, er schwenkte seinen langen grauen Schwanz hin und her, um Vugiswes Aufmerksamkeit zu erregen, doch Vugiswe lachte nur über einen Vogel, der sich wie ein vierfüßiges Tier benahm. Er tat nichts lieber, als zuzuschauen, wie der Mausvogel Baumstämme hochkletterte.

Das Weibchen des Wasserläufers hob ein Bein, sah, wie der alte Baumstamm herbeigeschwommen kam, und flüchtete sich mit schlagenden Flügeln ans Ufer. »Wovor fürchtest du dich, kleiner Vogel, der auf dem Wasser gehen kann?« fragte Vugiswe schläfrig, denn die Mittagshitze hatte ihn müde gemacht.

Der Hase lag im tiefen Gras und beobachtete alles. *Er* wußte, was geschehen würde. *Er* hätte Vugiswe auf die Beine bringen können, wäre er vor ihm herumgehüpft und hätte Männchen gemacht. Aber der Hase hatte für niemanden auch nur das kleinste bißchen Liebe übrig, deshalb blieb er still auf seinen Hinterbeinen sitzen und wartete ab ...

Der Baumstamm kam näher und näher herangeschwommen. Das Gras zitterte. Die Blätter am Wart-ein-Weilchen-Baum bebten. Das Krokodil riß das Maul auf, weiter, immer weiter – da kam Erstefrau über das Gras dahergerannt.

Als das riesige Maul um Vugiswes Zehen zuschnappte, erfüllte sein Schreien die Luft, hallte über das Grasland, die Berge warfen sein Echo zurück, es ließ die Dornen an den Bäumen erzittern und die Finken wie Wolken in den Himmel fliegen, und es brachte Erstefrau an Vugiswes Seite.

Als das Krokodil mit einem frechen Grinsen in den Augen Vugiswe das Ufer hinabzuziehen begann, nahm Erstefrau einen dicken Prügel zur Hand und ließ ihn auf die lange graue Schnauze niedersausen, daß es krachte. Wenn auch die Haut des Krokodils so dick ist, daß Erstermanns Speer sie nicht zu durchdringen vermag, so ist doch seine Schnauze ganz weich und leicht verletzbar.

Als der Prügel seine Schnauze traf, brüllte es vor Schmerz, ließ Vugiswes Zehen los, riß sein häßliches Maul wieder auf, daß die gelben, abscheulichen Zähne zu sehen waren, und schnappte nach Erstefraus Armen. Wieder und wieder ließ Erstefrau den Prügel auf die Schnauze des Krokodils niedersausen, währenddessen hielt der Wind den Atem an, der Witwenvogel versteckte sich im Gras, und Vugiswe kroch das Ufer hinauf, weg vom Wasser. Noch einmal sauste der Prügel herab, und da glitt das Krokodil ins Wasser zurück.

Erstefrau drehte sich um und schaute den Hasen an.

»Du hast alles gesehen«, sagte sie, »und du hast niemanden gewarnt«, und mit dem Prügel versetzte sie dem Hasen einen kräftigen Schlag auf die Nase, so daß sie mittendurch gespalten wurde. Dann nahm sie Vugiswe auf den Arm und trug ihn eilends in die Hütte zurück, wo sie seine verwundeten Zehen in kühle Bananenblätter hüllte und ihn in ihren Armen wiegte.

Ein Weilchen später lag Vugiswe auf einem Antilopenfell und schaute zu, wie Erstefrau den Mais für das Abendessen mahlte. Sie hatte es ganz alleine mit dem Krokodil aufgenommen. Sie war wahrhaftig eine großartige Frau!

Bis zum heutigen Tag haben auch der Hase und seine Kinder und Kindeskinder Erstefrau nicht vergessen, denn alle, die zu der großen Hasenfamilie gehören, haben eine gespaltene Nase.

Die Löwin

Vugiswe war mit dem Hund unterwegs gewesen; der hatte ihm gezeigt, wo Vögel, Kaninchen und Hasen zu finden waren, die man jagen konnte. Er hatte zugeschaut, wie der Hund einen Maulwurf ausgrub, und zum Abendessen brachte er ein Kaninchen mit, das der Hund aus seinem Bau gescheucht hatte. Jetzt war er müde und hungrig, saß an die Hüttenwand gelehnt und schaute Erstefrau zu, wie sie die Maiskolben zum Rösten fertigmachte und dem Kaninchen das Fell abzog, damit sie es für die Suppe am Abend kochen konnte. Der Hund, der neben ihm lag, leckte an seinem Fuß. Vugiswe schaute hin und sah, wie so oft, die Narben an seinen Zehen, die der Biß des Krokodils hinterlassen hatte.

»Erstefrau«, sagte er, »du bist eine großartige Frau. Was hat dich so tapfer gemacht, daß du dem Krokodil mit nichts als einem Prügel in der Hand entgegentreten konntest?«

Erstefrau setzte sich und streckte bequem die Beine aus.

»Komm her, setz dich zu mir, und solange uns die letzten Strahlen der Sonne noch ein bißchen Wärme geben, will ich dir eine Geschichte erzählen.«

Vugiswe zappelte vor Vergnügen. Erstefrau konnte nicht nur das allerbeste Essen kochen, das es überhaupt gab, sie konnte auch die schönsten Geschichten erzählen. Er lehnte sich an sie, streichelte den geflochtenen Rock aus Antilopenfell, bewunderte die glänzenden bunten Perlen, die sie um die Knöchel trug, und wartete.

»Hier im Grasland lebte einmal ein kleines Löwenrudel

– es war noch klein, weil der Löwe erst eine einzige Frau hatte, und sie hatte nur ein Junges. Doch sie waren glücklich, und es ging ihnen gut. Die Löwin hatte für ihr Kind ein bequemes und sicheres Lager gefunden, wo sie täglich die Spiele mit ihm spielen konnte, die alle Löwenkinder lernen müssen – Spuren suchen, sich anpirschen, springen, zupacken. Der Löwe war ein guter Vater und geschickter Jäger und brachte ihnen täglich genug zu fressen. Sie waren gut genährt, und ihr Fell war glatt und glänzte.

Eines Tages jedoch, es war zu Beginn der großen Dürre, hatte der Löwe weit ins Land hinein wandern müssen, um Beute zu finden, und bei Sonnenuntergang war er noch nicht zurückgekehrt.

Das Junge wurde hungrig und unruhig, und die Löwin bekam Angst. Sie konnte ihr Kind nicht alleine lassen und sich auf die Suche nach dem Löwen machen. Wenn er nicht bald zurückkehrte, würden sie verhungern.

Fünf Tage lang wartete sie und war vor Hunger ganz schwach geworden. Zweimal war es ihr gelungen, für das Junge ein kleines Kaninchen zu fangen, doch es war nicht genug Fleisch gewesen für sie beide, und ihre Flanken waren dünn und eingesunken und ihr Maul trocken. Als die Sonne am sechsten Tag unterging, zog sie das Junge ganz nahe an sich heran und legte sich zum Schlafen nieder.

Ein seltsamer, scharfer Geruch weckte sie auf. Sie schnüffelte. Der Geruch wurde stärker. Ein trockener Zweig knisterte. Sie spitzte die Ohren, und ihr Körper zitterte. Zwei glühende Punkte leuchteten im hohen Gras auf. Nun erkannte sie den Geruch – der Leopard. Vom Hunger getrieben – denn du weißt ja, daß die meisten Tiere während der langen Dürre das Grasland verlassen hatten –, wollte der Leopard etwas tun, was er noch niemals getan hatte, er wollte sich ein Löwenjunges zum Abendessen holen.

Mit der Nase schubste die Löwin das Junge ein wenig zur Seite, dann packte sie es ganz vorsichtig mit dem Maul beim Fell und trug es leise, so leise, daß nicht einmal das Gras flüsterte, als sie vorüberging, hinunter ans Flußufer. Sie hörte den Leopard hinter sich knurren. Ihr Herz klopfte zum Zerspringen. Wenn sie nur nicht so hungrig und schwach wäre, könnte sie schneller vorankommen. Sie trottete am Ufer entlang, über gestürzte Baumstämme und herumliegende Felsen hinweg. Immer schneller lief sie, ihr Atem wurde zum Keuchen, ihre Flanken bebten. Sie war krank vor Hunger und Durst, doch sie wagte es nicht einmal, am Fluß zu trinken, denn sie hörte den Leopard näher und näher kommen.

Die Löwin quälte sich über drei riesige Felsen, riß sich die Tatzen an den scharfen Kanten auf und kam endlich zu einer Höhle, die hinter den Felsen versteckt lag. Der Eingang war eng, der Boden sandig, der Fluß sehr nahe. Hier konnte sie ihr Junges beschützen. Sie legte es sanft nieder und schob es mit der Vorderpfote in die Höhle hinein. Dann wandte sie sich um und erwartete den Leoparden. Schweigend, reglos, mit gesträubten Haaren saß sie da, und die Schwäche kroch in ihren Körper.

Plötzlich erfüllte wildes Brüllen und Fauchen die Nacht im Grasland. Die Erde bebte, als der Leopard sprang und die Löwin sich ihm mit der ganzen Gewalt ihres mächtigen Körpers entgegenschleuderte. Der Leopard riß ihr mit den Tatzen das Fell von den Flanken, sie grub ihm die Zähne in den Nacken, und er wich vor Schmerz und Überraschung zurück. Er duckte sich. Sie wartete. Er sprang. Mit ihren scharfen Krallen zerriß sie ihm die Muskeln an der Schulter. Er winselte, zögerte, und mit einer letzten riesigen Anstrengung flog ihr Körper durch die Luft und landete auf seinem Rücken. Ihre Zähne gruben sich tief in seinen Nakken.

Die Maulwürfe zitterten vor Angst unter der Erde, als das Blut des Leoparden in ihre Löcher sickerte. Der Witwenvogel floh von dem Baum, auf dessen höchstem Zweig er Zuflucht gesucht hatte. Der Leopard gab noch ein letztes ersticktes Fauchen von sich und schleppte sich in den Busch. Die Löwin legte sich nieder. Sie blutete aus den Flanken, ihre Tatzen waren aufgerissen und wund, sie hatte drei Krallen verloren, und sie war unendlich müde und sehr durstig. Langsam und voll Schmerzen drehte sie sich um, so daß ihr Körper den Höhleneingang versperrte – niemand konnte hinein und ihrem Jungen etwas antun. Sie hatte sich mit dem Rücken zum Eingang gelegt und mit dem Bauch zu ihrem Kind.

Als der Löwe zwei Tage später sein Junges fand, fraß es das weiche Fleisch vom Bauch der Löwin. Es war satt und wohlbehütet gewesen, nichts war ihm zugestoßen.

Merke dir eines, Vugiswe, du kannst den Löwen angreifen, du kannst die Löwin angreifen, aber du darfst nie, niemals das Junge angreifen.«

Das Feuer

Erstefrau hatte zu Ende erzählt und schwieg. Auch Vugiswe sagte nichts und blieb still neben ihr sitzen. Er dachte über Erstefrau und über die Löwin nach, denn er hatte die Geschichte gut verstanden. Solange er bei Erstefrau war, brauchte er keine Angst zu haben. Wie die Löwin würde sie ihn vor allen Gefahren schützen – bis er erwachsen war und sich selbst eine Frau suchen würde. Dann würde seine Frau zur Löwin werden und ihre Kinder beschützen, die Kinder, die auch seine Kinder waren. Er war froh, daß er zu Erstefrau gehörte.

Das Feuer flackerte. Es brauchte mehr Holz. Vorsichtig stand Vugiswe auf – er wollte Erstefrau nicht stören, sie schien mit offenen Augen zu träumen. Er ging hinüber zum Wart-ein-Weilchen-Baum, sammelte noch ein paar von den herumliegenden Zweigen ein, trug sie zurück in die Hütte, blies in die Glut und fütterte das Feuer mit einem Stück Holz nach dem andern, bis die Suppe wieder kochte und die Maiskolben braun wurden.

Nach dem Abendessen, als sie um das niedergebrannte Feuer saßen, hörte Vugiswe draußen den Löwen brüllen. Er bekam eine Gänsehaut und rückte näher an Erstefraus Seite. Er hatte Angst vor dem Löwen. Erstefrau zog ihn an sich.

»Hab keine Angst«, sagte sie, »der Löwe wird nicht in die Nähe des Feuers kommen. Er fürchtet das Feuer mehr als alles andere auf der Welt.«

»Woher hast du das Feuer, Erstefrau?«

»Für heute haben wir genug Geschichten erzählt«, antwortete sie. »Morgen, wenn wir die Hütte ausgekehrt, auf dem Feld das Unkraut gehackt und die Kühe gemolken haben, dann wirst du mir helfen, die Körner aus den Maiskolben zu holen, und während ich die Körner mahle, werde ich dir die Geschichte vom Feuer erzählen. Das Feuer ist unser großer Freund, aber es kann auch zu einem schrecklichen Feind werden. Es ist gut, wenn du alles über das Feuer erfährst.«

Am nächsten Morgen war Vugiswe sehr fleißig. Er kehrte den Boden der Hütte und bestrich ihn mit weichem, nassem Kuhmist, bis er glänzte. Er schichtete Zweige und leere Maiskolben neben der Feuerstelle auf, damit das Feuer genug Nahrung hatte, wenn Erstefrau am Abend kochen wollte. Er füllte die Kalebassen mit Milch und stellte sie in den Schatten, wo die Milch langsam sauer und dick wurde. Er leckte sich die Lippen. Er mochte doch so gerne die dicke *amasi*-Milch, die es jedoch nur dann gab, wenn die Milch nicht zu schnell sauer wurde. Er half sogar Erstefrau, den Mais zu jäten, obwohl das eigentlich keine Männerarbeit war. Dann machte er sich daran, die Körner von den Maiskolben zu streifen und wartete, bis Erstefrau endlich zu erzählen begann.

»Gegen Ende der großen Dürre, gerade ehe der Allmächtige den Regen sandte, war die Erde ganz ausgetrocknet. Die Blätter waren dürr geworden und lagen braun und raschelnd in großen Haufen unter den Bäumen. Kein Saft stieg mehr in den Stämmen hoch, und die Zweige waren brüchig geworden und stürzten herab. Das Gras war hart und braun. Flußläufe und Wasserlöcher waren leer. Die Erde schrie nach Wasser. Eines Tages machte sich der

Blitz über Nkulunkulus Schöpfung lustig. Er schoß im Zickzack über den Himmel, hierhin und dorthin, und der Donner jagte ihm nach und brüllte ihn an. Um dem Donner zu entgehen, fuhr er zischend in die Wälder dort drüben«, Erstefrau zeigte auf die bewaldeten Hänge am Fuße der Berge, »und leckte an einem verdorrten *Msasa*-Baum. Plötzlich schoß das Feuer in großen Flammen aus dem Baum und loderte hoch in den Himmel hinauf, weit höher hinauf, als meine Arme reichen, wenn ich sie hochrecke. Es raste von einem Baum zum andern, und in seinem krachenden und rauchenden Hunger fraß es alle Zweige von den Bäumen. Dann rannte es über das Grasland, fraß sich durch die Blätterhaufen, überquerte die grauen Felsen, die in der Gluthitze des Feuers zerbarsten, und sprang schließlich über das trockene Flußbett.

Antilopen und Paviane, Eidechsen und Affen, Hasen und Elefanten, alle flohen vor dem Feuer, während Erstermann und ich uns in unsere Hütte verkrochen hatten und Nkulunkulu anflehten, uns zu beschützen, denn die Erde bebte unter der Gewalt ihrer Hufe. Der Eisvogel verließ das Flußbett und floh vor den heißen Winden, die das immer näher kommende Feuer vor sich hertrieb, hoch hinauf in den Himmel. Mücken und Käfer, Heuschrecken und Grashüpfer, die alle nicht hoch genug oder schnell genug fliegen konnten, wurden vom Feuer verschlungen; dem Witwenvogel, von seinem langen Schwanz behindert, wurde das Gefieder versengt, und er stürzte in die alles verschlingenden Flammen. Eine Rauchwolke verbarg die Sonne vor unseren Augen, der Geruch von verbranntem Gras und verbrannten Tieren machte unsere Köpfe benommen, fliegender, schwarzer Staub ließ uns blind werden, und dann, gerade als wir dachten, daß wir bestimmt sterben müßten, sandte Nkulunkulu den Regen.

Es zischte und prasselte überall, der schwarze Staub wurde vom Dach heruntergewaschen und lief die Hüttenwände hinab, und die Flüsse und Bäche führten schwarzes Wasser. Der Regen ist stärker als das Feuer, und deshalb wußten wir, daß wir gerettet waren. Aber ehe das Feuer starb, fing Erstermann eine Flamme ein und warf sie unter den Kochtopf.

Das Feuer ist jetzt bei uns, es gibt uns seine Wärme und kocht unsere Nahrung. Aber, Vugiswe, nie, *niemals*, darfst du das Feuer aus den Augen lassen. Es ist listig, und man kann ihm nie trauen. Es würde jederzeit das Gras fressen und die Bäume verschlingen, ja, wenn du es zuläßt und nicht aufpaßt, würde es deine Hütte mit allem, was darin ist, verschlingen. Zwinge es, an einem Ort zu bleiben, dann wird es immer dein bester Freund sein.

Komm, jetzt füllen wir Wasser in den Topf, und das Feuer soll es zum Kochen bringen. Wenn es soweit ist, werde ich *putu* machen.«

Vugiswe rieb sich den Magen. Der dicke, gelbe Brei, den Erstefrau aus dem gemahlenen Mais kochte, war seine Lieblingsspeise. Er hoffte, Erstermann würde nicht allzu spät nach Hause kommen. Eine Geschichte *und* Putu an einem einzigen Tag – er hatte wirklich Glück, daß er Erstefraus Sohn war.

Sonne, Mond und Meer

Wieder war Vugiswe sehr fleißig gewesen. Den ganzen Vormittag über hatte er Erstefrau bei ihrer Arbeit geholfen, nun hatte er Zeit und konnte sich aussuchen, was er tun wollte – er könnte Ochsen aus nassem Lehm machen oder am Fluß entlang wandern (wobei er das Krokodil scharf im Auge behalten würde) oder sonst irgend etwas. Vielleicht würde er sich erst mal eine Weile in die warme Sonne legen und sich vom Wind streicheln lassen. Er streckte sich unter dem Wart-ein-Weilchen-Baum aus, die Hände unter dem Kopf gefaltet. Zufrieden schloß er die Augen, weil ihn das helle Licht blendete, ihm war so wohlig zumute – er hatte gut gegessen, und die Sonnenstrahlen drangen durch seine Haut und wärmten ihn tief drinnen. Diese Welt, in der er lebte, war doch zu schön! Rings um ihn her war alles still, dann hörte er plötzlich den Honigvogel rufen, »Ho-niiig, Ho-niiig«, sang er. Er überlegte, wer wohl den Honigvogel gelehrt hatte, seinen eigenen Namen zu rufen, und wie er es fertigbrachte, stets die Nester der wilden Bienen zu finden. Es gab so viele Dinge, die Vugiswe nicht wußte. Er mußte unbedingt Erstefrau danach fragen. Er wurde älter, und bald würde die Zeit kommen, wenn er seinen Vater jeden Tag auf die Jagd begleiten würde. Dann blieb keine Zeit mehr zum Geschichten hören. Warum lebten eigentlich die Sonne und der Mond am Himmel? Und wie waren sie überhaupt dorthin gekommen?

Wahrscheinlich schälte Erstefrau gerade die Maiskörner aus den Kolben, das war immer eine gute Zeit zum Geschichtenerzählen, denn später fing sie dann an, mit ihren Kochtöpfen zu hantieren und das Essen zuzubereiten. Er warf einen Blick zum Himmel, um festzustellen, wo genau die Sonne stand. Ja, es blieb noch genug Zeit für eine Geschichte, ehe sich die Sonne hinter den Bergen versteckte und Erstefrau so geschäftig wurde.

Vugiswe stand auf und machte sich auf den Weg zurück zur Hütte.

»Ja«, sagte Erstefrau, »ich weiß wohl, warum Sonne und Mond am Himmel wohnen *und* wie sie dorthin gekommen sind. Setz dich her zu mir und schichte die leeren Kolben auf, und dann will ich dir die Geschichte erzählen.«

Vugiswe mußte ein wenig lachen. Erstefrau schien tatsächlich genauso gerne Geschichten zu erzählen, wie er gerne Geschichten hörte.

»Als Nkulunkulu die Welt erschuf, teilte er sie in drei Anwesen auf. Die Sonne wohnte in einem, der Mond in einem anderen, und im dritten wohnte das Wasser. Jedes Anwesen war zum Schutz von einem starken Zaun aus Zweigen und Dornengestrüpp, aus Steinen und Sand umgeben.

Die Sonne und der Mond waren dicke Freunde, und beide mochten sie das Wasser sehr gut leiden. Deshalb besuchten sie es oft in seinem Anwesen, wo sie immer willkommen waren und aufs Beste bewirtet wurden. Doch das Wasser besuchte niemals weder die Sonne noch den Mond.

Eines Tages sagte der Mond zur Sonne: »Wir statten dem Wasser regelmäßig unseren Besuch ab. Warum kommt das Wasser nie zu uns auf Besuch? Meinst du, es dünkt sich besser als wir und findet unsere Anwesen seines Besuches nicht würdig?«

Zuerst fand die Sonne eine solche Vermutung lächerlich, doch der Mond schimpfte und nörgelte Tag für Tag über das Wasser, bis schließlich auch die Sonne sich zu fragen begann, warum das Wasser stets zu Hause blieb.

Dann, an einem heißen Sommertag, sagte der Mond zur Sonne: »Du mußt darauf bestehen, daß das Wasser uns besuchen kommt. Diesmal darfst du keine Entschuldigung hinnehmen. Das Wasser beleidigt uns, wenn es sich noch immer weigert, uns zu besuchen.«

Also bestand die Sonne darauf, daß das Wasser sie besuchen müsse. Schließlich sagte das Wasser, es könne leider nicht kommen, weil weder das Anwesen der Sonne noch das des Mondes groß genug seien, das Wasser bei sich aufzunehmen, auch dann nicht, wenn man beide aneinanderfüge, um ein großes Anwesen daraus zu machen. Da erwiderte die Sonne verärgert: »Wir haben genug Platz. Du wirst uns morgen zur Mittagszeit besuchen.« Das Wasser lächelte ein kleines, trauriges Lächeln und nahm die Einladung, die ja eher einem Befehl glich, an.

Am nächsten Tag zur Mittagsstunde begann das Wasser durch den Zaun zu sickern, der das Anwesen der Sonne umgab. Zuerst war es nur ein Rinnsal, ein winziges Rinnsal. »Siehst du«, sagte die Sonne, »bei uns hat es Platz, mehr als genug.« Aber das Rinnsal floß unaufhörlich weiter, das Loch im Zaun wurde größer, und das Wasser kam noch immer auf Besuch. Als es Abend wurde, war aus dem Rinnsal ein reißender Bach geworden, und das Wasser hatte Fische mitgebracht, allerlei Unkraut und Wasserpflanzen. Die Sonne machte ein böses Gesicht – die Fluten hatten nun fast ihr ganzes Anwesen bedeckt, und das Was-

ser hatte begonnen, nun auch das Anwesen des Mondes zu überfluten. Es warf Wellen auf, so hoch wie ein Mann; es brachte den Haifisch mit sich, der Menschenfleisch frißt, und den Walfisch, der durch ein Loch in seinem Kopf Springbrunnen in die Luft bläst. Das Wasser war jetzt sehr blau geworden, so blau wie der Himmel über ihm, und die riesigen Wellen hatten ein Käppchen aus weißem Schaum.

Die Sonne kletterte auf das Dach ihrer Hütte, und der Mond tat es ihr nach. Das Wasser floß noch immer herein. Schließlich floh die Sonne vor dem Wasser und sprang hinauf an den Himmel. Von dort schimpfte sie auf den Mond herab und drohte ihm mit der geballten Faust.

Nun saß der Mond wirklich fest und wußte nicht mehr aus noch ein. Blieb er, wo er war, würde er ertrinken. Sprang er auch an den Himmel, so könnte ihn die Sonne in ihrem Zorn möglicherweise hinunterwerfen, denn der Mond wußte wohl, daß es seine Schuld war, daß die Sonne auf dem Besuch des Wassers bestanden hatte. Das Wasser stieg höher und höher. Mit einem Wutschrei versank die Sonne hinter den Bergen im Westen. Mit einem Schrei der Erleichterung sprang der Mond an den Himmel im Osten. Das Wasser bedeckte die beiden Anwesen, und das Meer war entstanden.

Bis zum heutigen Tag hält der Mond so großen Abstand wie nur irgend möglich von der Sonne, und sie haben es nie wieder gewagt, zur Erde zurückzukehren. Und das Meer spült mit seinen Wellen unablässig über Sand, Felsen und Dünen – das ist alles, was von den wunderschönen Anwesen, die einmal der Sonne und dem Mond gehört hatten, übriggeblieben ist.«

»Wo ist das Meer?« fragte Vugiswe.

»Viele Tagereisen von hier. Bald, wenn du ein wenig älter bist, wird Erstermann einmal mit dir dorthin gehen. Es ist ein großartiger Anblick.«

Vugiswe wußte nicht recht, ob er wirklich älter werden wollte. Es wäre ja schon eine aufregende Sache, das Meer zu besuchen, aber Erstefraus schöne Geschichten würden ihm dann doch sehr fehlen.

Die Stechmücke

Klatsch! Vugiswe schlug mit der flachen Hand auf sein Knie. Die Stechmücke flog sirrend und träge weiter. Klatsch! Vugiswe schlug sich kräftig ins Gesicht, aber er traf wieder nicht, und die Stechmücke flog davon.

»Pst«, flüsterte Erstefrau, »du weckst Erstermann auf.«

»Die Stechmücke ist so laut«, flüsterte Vugiswe zurück, »wenn sie doch nicht so viel Lärm machen würde.«

»Aber die Stechmücke muß doch so laut sirren, sie kann gar nicht anders. Auf ihr liegt ein Fluch, und das Sirren *ist* der Fluch.«

Vugiswe setzte sich auf.

»O nein, keine Geschichten jetzt. Du legst dich nun schön schlafen, und morgen früh werde ich dir von der Stechmücke erzählen.«

Als Erstermann gefrühstückt hatte und die Kochtöpfe gespült waren, begann Erstefrau zu erzählen.

»Eines Tages waren wir auf dem Heimweg von den Wäldern am Fuß der Berge, wo wir Rinde gesammelt hatten – Erstermann wollte Medizin daraus machen –, als wir hinter einer Biegung des Flusses, zwischen großen Felsen versteckt, einen Mangobaum sahen. Er hing so voll mit reifen Früchten, daß mir noch jetzt das Wasser im Munde zusammenläuft, wenn ich daran denke. Als wir zur Hütte kamen, stellten wir einen Korb bereit und beschlossen, früh am nächsten Morgen zum Baum zurückzukehren.

Erstermann stieg auf den Baum und stand in einer Astgabel, als die Stechmücke kam und ihn unversehens ins Gesicht stach. Erstermann erschrak und machte eine unachtsame, schnelle Bewegung, stieß dabei an einen vollbehangenen Zweig, und herunter prasselten so viele reife Mangofrüchte, wie du Zehen an den Füßen hast.

Ich sprang zur Seite, denn eine große reife Mangofrucht kann viel Schaden anrichten, wenn sie dir hoch vom Baum direkt auf den Kopf fällt. Aber dort, wo ich hinsprang, hatte eine Ratte gesessen, und ich merkte, wie sie unter meinen Füßen davonhuschte.

Erschreckt von all dem Aufruhr raste die Ratte den Stamm eines Baumes hoch und stieß dort mit dem Affen zusammen, der ganz oben auf den dünnen Zweigen in den Blättern saß und eine Banane aß.

Der Affe kann die Ratte nicht ausstehen, und mit bösem Geschnatter und Zungenschnalzen warf er seine halbgegessene Banane weg, floh noch höher hinauf in den Baum, packte eine herunterhängende Schlingpflanze und wollte sich daran auf den nächsten Baum hinüberschwingen. Vielleicht war er zu erschrocken, vielleicht waren seine Hände schlüpfrig von der Banane – auf alle Fälle rutschte dem Affen die Schlingpflanze aus der Hand, und er stürzte hinunter und fiel mitten in einen riesigen Ameisenhaufen.

Die Ameisen rannten kopflos in allen Richtungen auseinander und gerieten in das Nest der Braunen Henne. Die Braune Henne saß auf ihren Eiern und träumte von den süßen gelben Küken, die sie bald haben würde, als ihr die Ameisen ins Gefieder krabbelten. Mit lautem Gackern floh sie von ihrem Nest und trat in ihrer Panik auf die Eier, daß sie zerbrachen.

Braune Henne war untröstlich. Ihr erstes Gelege, und es würde keine Küken geben! Es war zum Erbarmen, ihren

Kummer mit anzusehen. Der Hahn streichelte ihr sanft über den Kopf und über die Flügel und krähte ihr leise, winzige Kikerikis ins Ohr, aber ihr Herz war gebrochen. Sie weinte den ganzen Nachmittag; und die ganze Nacht über und auch noch am nächsten Morgen war der Hahn so damit beschäftigt, die Henne zu trösten, daß er zu krähen vergaß.

Nun weißt du ja, daß es die Aufgabe des Hahns ist, jeden Morgen die Sonne zu wecken. Aber der Hahn krähte nicht, also wachte die Sonne auch nicht auf, und der Himmel blieb dunkel. In der Hütte konnte ich beim Licht des Feuers arbeiten, aber es ist sehr schwierig, in der Dunkelheit hinauszugehen und die Kühe zu melken. Ihre Euter waren voll, und sie muhten erbärmlich.

Am nächsten Tag krähte der Hahn – spät zwar, aber er krähte, und die Sonne erhob sich im Osten und brachte das Tageslicht.

»Warum wurde ich gestern nicht geweckt?« fragte die Sonne streng.

»Ich mußte die Henne trösten, und in unserem Kummer habe ich es vergessen«, antwortete der Hahn geknickt.

»Warum mußte die Henne getröstet werden?« fragte die Sonne.

»Weil ich aus Angst vor den Ameisen mein Gelege zertreten hatte«, antwortete Braune Henne traurig.

»Warum haben die Ameisen die Henne in Angst und Schrecken versetzt?« fragte die Sonne.

»Weil der Affe auf unser Nest fiel und eine große Panik unter uns ausbrach«, antworteten alle Ameisen wie aus einem Mund.

»Warum hat der Affe den Ameisenhaufen zerstört?« fragte die Sonne.

»Weil ich die Ratte den Baum herauf auf mich zukommen sah, da versuchte ich mich in einen anderen Baum zu schwingen, aber meine Hände glitten aus«, schnatterte der Affe wütend.

»Warum kletterte die Ratte auf den Baum?« fragte die Sonne.

»Weil Erstefrau auf meinen Schwanz getreten war«, antwortete die Ratte nervös.

»Warum ist Erstefrau auf den Schwanz der Ratte getreten?« fragte die Sonne.

»Weil ich Angst hatte, daß mir die Mangofrüchte, die Erstermann herabschüttelte, auf den Kopf fallen würden«, antwortete ich leise.

»Warum hat Erstermann die Mangofrüchte herabgeschüttelt?« fragte die Sonne.

»Weil die Stechmücke mich ins Gesicht gestochen hat«, antwortete Erstermann deutlich.

»Warum hat die Stechmücke dich ins Gesicht gestochen?« fragte die Sonne.

Aber die Stechmücke blieb ihr die Antwort schuldig.

»Soviel unnötige Aufregung«, sagte die Sonne, »vergeudete Mangofrüchte, erschreckte Ratten, zornige Affen, zerstörte Ameisenhaufen, tote Küken UND dazu noch keinen, der mich aufweckte – das alles wegen eines heimtückischen Stichs von der Stechmücke, die mir jetzt die Antwort schuldig bleibt. In Zukunft«, und dabei schaute die Sonne streng auf die Stechmücke, »in Zukunft soll der Mensch immer wissen, wo du bist, denn du wirst dich durch dein Sirren verraten. Nie mehr sollst du den Menschen ohne sein Wissen überraschen.«

Und von jenem Augenblick an hatte die Stechmücke ihre Sprache verloren und konnte nur noch sirren.

Moya

Es war Abend. Am nächsten Morgen würde sich Vugiswe auf den Weg machen, um seinen Brautpreis zu bezahlen. Bestimmt hatte Erstermann ein sehr gutes, fleißiges Mädchen für ihn ausgesucht, denn der Brautpreis war sehr hoch – fünf fette Ochsen, zehn gesunde braune Kühe und einen jungen Bullen. Vugiswe saß mit Erstermann und Erstefrau am Feuer. Die Flammen waren kleiner und kleiner geworden, bis nur noch die rote Glut im Dunkel leuchtete. Draußen standen die Sterne hell am Himmel, denn der Mond war noch nicht aufgegangen. Am Flußufer quakten die Frösche, und einmal rief ein Buschbaby leise aus den Bäumen. Alles war so friedlich, und Vugiswe war froh und glücklich.

Erstermann rückte näher ans Feuer.

»Ich glaube«, sagte er und wandte sich an Erstefrau, »wir sollten Vugiswe von seiner Schwester erzählen.«

»Von meiner Schwester?« überrascht fuhr Vugiswe auf. »Ich habe doch gar keine Schwester!«

Erstefrau lächelte traurig.

»Ja«, sagte sie, »ich denke, wir sollten ihm alles erzählen.« Sie saß ganz still, und ihr Blick ging hinaus über das Grasland zu ein paar Bäumen, die auf einer niederen Anhöhe beisammen standen.

»Lange ehe Tokoloshi dich gebracht hat, war deine Schwester zu uns gekommen. Sie war das Geschenk des Windes, deshalb nannten wir sie Moya. Sie war ein sehr schönes Kind. Ihre braunen Augen leuchteten, ihr Lächeln strahlte so hell und froh wie die Sonne nach dem Regen, und ihre Beine waren schlank und glatt, so glatt wie die runden Kieselsteine, die der Fluß ans Ufer wirft.

Sie war sehr liebevoll und half mir bereitwillig den ganzen Tag bei der Arbeit. Sie hackte das Unkraut aus, sie schälte die Maiskörner aus den Kolben, sie melkte die Kühe, und sie rührte den Putu. Doch wenn die Sonne im Westen unterging und der Abendwind aufkam, um der heißen Erde Kühlung zu bringen, wurde sie ruhelos. Bisweilen schaute sie plötzlich auf, als hätte sie jemand rufen hören. Ich tat alles, was ich konnte, um sie glücklich zu machen. Ich reihte ihr hübsche bunte Perlenkettchen auf für die Füße und flocht ihr Armbänder aus verschiedenfarbigem Gras. Ich spielte mit ihr und erzählte ihr Geschichten. Aber irgendwie wußte ich, daß ich sie eines Tages verlieren würde.

Dann, als wir an einem Abend die Kühe melken wollten, erhob sich ein starker Wind, er blies aus dem Osten auf die Berge zu. Moya stand einen Augenblick ganz still, den Kopf zur Seite geneigt, und horchte. Ihre Augen leuchteten. Sie rannte hinüber zu der alten braunen Kuh und legte ihr die Arme um den Hals. Schweigend, mit großer Furcht im Herzen, folgte ich ihr. ›Heute abend‹, hörte ich sie sagen, ›heute abend muß ich gehen. Komm, gib mir zum letzten Mal deine Milch.‹ Ich wußte, daß die Kuh alt und schon längst trocken war, doch als Moya zu melken begann, schoß die sahnige, gelbe Milch in dickem Strahl heraus, und bald waren viele Kalebassen voll – mehr, als du Finger an beiden Händen hast –, und noch immer floß die Milch.

Sie brachte mir die Kalebassen, damit ich sie unter die

Bäume stellte und *amasi* daraus wurde, und ich sah, wie ihre Hände vor Aufregung zitterten. ›Kleine Mutter‹, sagte sie, ›ich muß dich verlassen. Meine Große Mutter ruft. Ich muß heimkehren.‹

Sie streckte ihre Arme zum Himmel, zu den vom Wind getriebenen Wolken, die über den Mond glitten. Dann begann sie zu tanzen, so leicht wie ein Blatt am Baum im Abendwind, und tanzend machte sie sich auf den Weg zu jener Anhöhe dort.

Schon immer hatte ich mich vor jenem Ort gefürchtet, denn der Teich unter den Bäumen dort ist wohl klein, aber sehr tief und kalt und ganz still. Außerdem wachsen dort Baobab und Loquat nebeneinander, und das gibt es sonst nirgendwo. Dieser Ort war schon immer von etwas Geheimnisvollem und Furchterregendem umgeben, das ich nicht verstehen konnte. Aber ich folgte ihr trotzdem.

Das Gras öffnete sich vor Moyas Füßen – du kannst den Pfad heute noch sehen, obwohl wir ihn nie benutzen. Die Webervögel in ihren großen Nestern wurden unruhig, als sie vorüberging. Der Witwenvogel hörte auf, sich das Gefieder zu putzen. Der Vogel Bülbül vergaß zu singen. Als wir die Anhöhe hinaufgingen, öffneten ihr alle Bäume die Zweige, um sie durchzulassen – der Baobab und der Loquat-Baum, der Msasa und der Wart-ein-Weilchen-Baum –, und die Weide neigte das Haupt. Die Wolken bedeckten das Angesicht des Mondes, und das Licht der Sterne tanzte auf dem See, als der Wind das Wasser kräuselte. ›Manyeleti‹, rief Moya, ›Manyeleti, Ort der Sterne, ich komme!‹

Einen Augenblick lang wandte sie sich mir zu. ›Lebewohl, kleine Mutter‹, sagte sie, ›Lebewohl.‹

Der Wind erhob sich zu einem wilden Schrei. Die Wolken flohen vom Angesicht des Mondes, und er schien rund und klar. Im See tat sich ein tiefer, kreisrunder Strudel auf.

Moya trat hinein, und das Wasser schloß sich über ihr. Der Wind verstummte. Der Mond verbarg sich hinter den Bergen. Ich war allein.«

Erstefrau saß ganz still. Nirgendwo rührte sich etwas.

»Es hat lange gedauert, bis du zurückkamst«, sagte Erstermann schließlich. »Ich dachte, ich hätte auch dich verloren.«

»Ich mußte zurückkommen«, sagte Erstefrau, »ich wußte, du würdest auf dein Abendessen warten.«

Der Affe

Vugiswe war mit seiner jungen Frau ins Grasland zurückgekehrt. Niame war jung und stark, sie war schön und hatte ein gutes Herz. Vugiswe war sehr glücklich mit ihr. Aber Niame verzehrte sich vor Heimweh nach ihren eigenen Leuten, die jenseits der großen Berge wohnten. Sie hatte sehr fleißig am Bau ihrer neuen Hütte gearbeitet, und Erstefrau hatte ihr mit dem Grasdach geholfen, damit es dicht war und lange halten würde. In einem so schönen Haus hatte Niame noch nie gewohnt, doch sie sehnte sich trotzdem nach ihren eigenen Schwestern und Brüdern, nach ihrem Vater und ihrer Mutter.

Ihre Augen füllten sich mit Tränen, als sie an der Feuerstelle saß und ein Stück Holz nach dem andern in das Feuer unter ihrem Kochtopf legte. Vugiswe sah es. Er nahm ihre Hand.

»Komm«, sagte er, »lehn dich an mich. Du bist sehr müde, deshalb hast du so Heimweh. Eines Tages wirst du das Grasland und die Hügel am Fuß der Berge ebenso gern haben wie ich, und du wirst auch Erstefrau lieben lernen, denn sie ist wahrhaftig eine ganz großartige und wunderbare Frau. Hör zu, ich werde dir eine von ihren Geschichten erzählen, damit du dein Heimweh vergißt und wieder lachen kannst. Ich will dir erzählen, warum die großen Affen keinen Schwanz haben.

Als die Welt noch jung war, hatte der Große Affe einen sehr langen Schwanz, auf den er sehr stolz war. Er und der

Hase waren dicke Freunde. Das war lange, ehe der Fluch auf den Hasen fiel – aber diese Geschichte werde ich dir ein anderes Mal erzählen. Für den Affen gab es nichts Schöneres, als im warmen Sonnenschein auf den Felsen zu sitzen; seine Frau kämmte ihm dabei den Schwanz und klaubte ihm die Flöhe aus dem Fell, während der Hase Purzelbäume schlug und Männchen machte, um ihn zu amüsieren. Der Affe war sehr faul, doch dem Hasen gefiel es, ihm jeden Tag den Gefallen zu tun und ihm sein Essen zu bringen, denn der Affe erzählte lustige Geschichten, die den Hasen zum Lachen brachten, und dieser wiederum gab dem Affen manchen Anlaß zum Lachen, wenn er ihm von den schlimmen Streichen erzählte, mit denen er so manchem böse mitgespielt hatte.

Eines Morgens nun erwachte der Große Affe äußerst mißgestimmt. In der Nacht war ein starker Wind aufgekommen und hatte bis zum Morgen angehalten. Er hatte ihm das Fell zerzaust und ihn nicht schlafen lassen. Außerdem hatte seine Frau am Tag zuvor einen Floh in seinem Schwanz übersehen, und der hatte sich's gut sein lassen in der Nacht und war überall hingehüpft – nun juckte ihn das ganze Fell, und dazuhin hatte er sehr schlimme Träume gehabt.

Als nun der Hase mit zwei Kalebassen voll Körnern erschien – eine für den Affen und eine für sich selbst –, schnappte sich der Große Affe beide und schrie den Hasen an: ›Ich bin heute sehr hungrig. Ich werde *alle* Körner aufessen. Verschwinde und laß mich in Ruhe. Ich will schlafen.‹

Der Hase schlich sich weg. Als es Abend wurde, war er sehr hungrig und sehr böse auf den Affen. Er beschloß, ihm einen Streich zu spielen.

Am nächsten Morgen kam der Hase wie üblich zum Affen. Er hatte drei Kalebassen bei sich. Eine war mit Körnern gefüllt, eine mit Früchten, und die dritte, die er auf dem Kopf trug, war randvoll mit Milch. Der Affe traute seinen Augen kaum. Noch nie hatte ihm der Hase so viel, dazu noch so viel Gutes, zu essen gebracht. Gierig schlang er alles hinunter und dachte nicht daran, dem Hasen auch nur einen Bissen davon abzugeben. Aber dem Hasen machte das nichts aus. Sein Plan war fertig.

›Großer Affe, mein guter Freund‹, sagte er, als das Festessen vorüber und kein Krümelchen mehr übrig war, ›lieber Freund, ich habe ein köstliches Maisfeld entdeckt. Die Körner sind süß und dick.‹ Dem Affen lief das Wasser im Mund zusammen. Nichts mochte er lieber als Mais. ›Ich habe versucht, dir ein paar Kolben zu bringen‹, fuhr der Hase fort, ›doch sie sind so groß und schwer, daß ich sie nicht tragen kann. Ich kann sie wohl für dich pflücken und auf einen Haufen legen, aber ich kann sie nicht hertragen, denn ich bin ja nur ein kleines, schwaches Geschöpf. Du aber bist ein großes, starkes Tier. Du könntest sie leicht tragen. Ich werde heute abend in das Feld hineingehen und die Kolben pflücken, und wenn der Mond aufgegangen ist, kommst du und holst sie ab.‹

Da der Große Affe wirklich sehr faul war, wollte er eigentlich den Mais nicht selbst holen, aber weil er andererseits so gierig und verfressen war, konnte er dem Gedanken an einen solchen Festschmaus nicht widerstehen und erklärte sich einverstanden, den Hasen im Maisfeld zu treffen, wenn der Mond genau über dem Wart-ein-Weilchen-Baum stand.

In der Zwischenzeit glitt der Hase wie ein Schatten über die Felsen und durch das hohe Gras, und als er schließlich in Erstefraus Maisfeld saß, begann er zu lachen, bis ihm die Seiten weh taten, und er dachte, der Bauch würde ihm platzen.

Er rief seine Frau. ›Frau‹, sagte er, ›ich muß einen langen und sehr starken Strick flechten. Rufe alle unsere Kinder zusammen, sie sollen so viele lange Grashalme schneiden, wie sie finden können, und dann bringt sie hierher.‹

Die Frau des Hasen und alle seine Kinder schnitten den ganzen Tag über Gras, und der Hase flocht daraus einen langen, dicken und starken Strick, dessen eines Ende er fest um den Stamm des Wart-ein-Weilchen-Baumes wickelte. Dann legte er den Strick im Gras aus, bis das andere Ende in Erstefraus Maisfeld lag. Er wartete ab, bis Erstefrau hinausging, um die Kühe zu melken, dann pflückte er ein paar dicke Kolben und legte sie auf ein Häufchen, da, wo der Strick aufhörte. Dann setzte er sich nieder und wartete.

Als Erstefrau vom Melken zurückkam, sah sie den Hasen brav und ruhig in ihrem Feld sitzen. Normalerweise hätte sie einen Stein nach ihm geworfen und ihn weggejagt, denn der Hase ist ein böses Geschöpf, doch sie trug zwei Kalebassen voll Milch in der Hand und eine auf dem Kopf, also ließ sie ihn in Ruhe und ging hinein in die Hütte, um die Abendmahlzeit zu kochen.

Der Mond ging im Osten auf, und der Hase beobachtete, wie er über den Himmel wanderte. Jetzt stand er direkt über dem Wart-ein-Weilchen-Baum. Der Hase zog ein wenig an dem Strick. Ja, er war ganz fest. Er wartete. Ein Kieselstein rollte über den grauen Felsen. Der Große Affe kam.

Der Hase legte eine Pfote an den Schnurrbart, um dem Affen zu bedeuten, daß er ganz leise sein müsse, dann winkte er ihm, näher zu kommen.

›Psst, mach ja keinen Lärm, Großer Affe‹, flüsterte er. ›Er-

stermann ist nach Hause gekommen, und sie essen jetzt drinnen in der Hütte. Siehst du, hier sind die Kolben. Sammle sie ein, und ich werde solange an den Maisstengeln hochklettern und dir noch mehr herunterwerfen.‹

Der Affe bückte sich, um die Maiskolben aufzusammeln. Sein herrlicher buschiger Schwanz schimmerte silbrig grau im Mondlicht. Ganz vorsichtig ließ der Hase den Strick über den Schwanz gleiten und band ihn fest. Dann schlug er drei Purzelbäume hinüber zu Erstefraus Hütte, trommelte mit den Pfoten an die Wand und schrie: ›Erstefrau, Erstefrau, jemand stiehlt deinen Mais.‹

Heraus stürzte nicht Erstefrau, sondern Erstermann, und er schwang einen Knüppel in der Hand. Der Affe wich entsetzt vor ihm zurück und versuchte wegzurennen, doch der um seinen Schwanz gebundene Strick hielt ihn fest.

›Das und das und das ist für dich‹, schrie Erstermann und ließ ihm seinen Prügel auf den Kopf, den Rücken und den Hintern niedersausen.

Der Affe zog und zerrte, zerrte und zog, um den schrecklichen Schlägen zu entgehen, plötzlich tat es einen Ruck, sein Schwanz gab nach, er überschlug sich und merkte, daß er frei war. Hals über Kopf stürzte er zu seiner besorgten Frau nach Hause. Sie hatte das Geschrei, das Knurren, Brüllen und Fauchen gehört und sich gefragt, was um alles in der Welt wohl geschehen sei.

›Ich habe dir ein bißchen Mais mitgebracht‹, keuchte der Affe, ›und . . .‹

Aber weiter kam er mit seiner Rede nicht. In einem Kreis rund um ihn her saßen alle seine Kinder. Sie lachten und schnatterten laut über den außergewöhnlichen Anblick, der sich ihnen bot: Der Große Affe hatte einen völlig nackten Hintern, denn sein Schwanz hing noch immer am Wart-ein-Weilchen-Baum.

Seit jenem Tag haben die Kinder des Großen Affen keine Schwänze mehr, und der Hase hat es nie wieder gewagt, den Affen zu besuchen.«

Niame lachte laut und klatschte in die Hände.

»O weh«, sagte sie, »und was ist aus dem Schwanz geworden?«

»Erstefrau hat daraus eine Pelzmütze für Erstermann gemacht. Er trägt sie, wenn der Wind kalt von den Bergen weht«, sagte Vugiswe. »Jetzt bist du aber wieder fröhlich. Komm, wir gehen schlafen.«

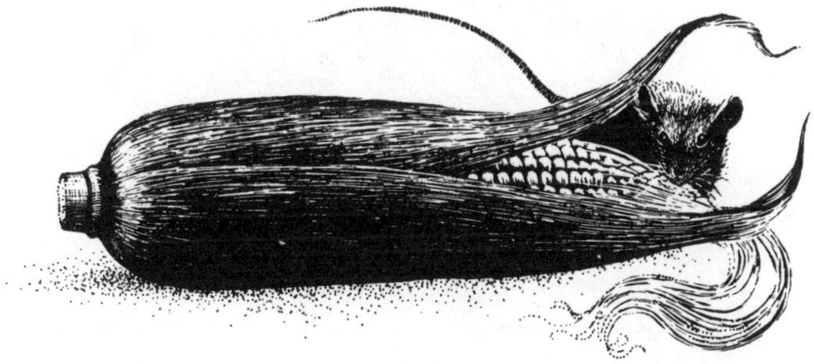

Ndhlovu

Erstefrau hatte alle Hände voll zu tun. Sie schnitt winzig kleine Vierecke aus Samenschalen zurecht, *wirklich* winzige. Sie würde sie heute abend, zusammen mit bunten Perlen, zu einem ebenso winzigen Halsband aufreihen. Einige Armkettchen und Fußkettchen hatte sie schon fertig – wirklich sehr, sehr kleine –, auch hatte sie ein Affenfell gegerbt und daraus eine weiche, warme Decke gemacht, denn heute nacht würde Niames erstes Baby zur Welt kommen.

Man ließ große Sorgfalt walten, um dem neuen Kindchen jeden erdenklichen Schutz zu gewähren. Niame würde in Erstefraus Hütte kommen, um dort ihr Kind zur Welt zu bringen. Dann konnte Erstefrau bei ihr sein und darüber wachen, daß ihr und dem Kind nichts zustieß.

Erstefrau hatte alle Risse und Löcher im Grasdach und in den Wänden mit Gras und Lehm zugestopft, so daß weder der Wind durchblasen noch der Mond hereinscheinen konnte. Sie dachte an Moya und wollte nicht, daß Niames Kind den Ort Manyeleti suchen würde.

Früh schon hatte sie die Kühe gemolken und sehr viel Milch in den Kalebassen unter die Bäume gestellt, doch eine große Kalebasse voll frischer, sahniger Milch hatte sie für Niame dabehalten.

Und Erstefrau hatte Tokoloshi eingeladen. Sie hatte nicht direkt mit ihm gesprochen, denn Tokoloshi sieht man selten, doch sie hatte es dem Gras gesagt, das ihre Botschaft dem ganzen weiten Grasland zuflüsterte, und sie hatte mit den Bäumen gesprochen, die ihre Botschaft mit den im Wind wehenden Blättern in die Luft sandten. Sie hatte es dem Vogel Bülbül und dem Witwenvogel gesagt, und auch sie würden überall, nah und fern, die Nachricht verbreiten; und der Fluß hatte versprochen, die Einladung bis ans Meer hinunterzutragen, nur für den Fall, daß Tokoloshi zufällig dort wäre. Vor die Tür ihrer Hütte stellte Erstefrau eine große Kalebasse voll Sahne, denn es gibt nichts, das Tokoloshi lieber mag als Sahne, und Erstermann schlachtete einen jungen Bullen, damit Erstefrau eine köstliche Fleischsuppe kochen konnte, deren Duft Tokoloshi ganz gewiß in die Nase steigen würde. O ja, sie wußte, daß Tokoloshi kommen würde.

Erstermann kam von draußen herein.

»Sind deine Halsbändchen fertig?« fragte er.

»Ja«, antwortete Erstefrau. »Siehst du, ich habe zwei gemacht. Dieses Muster ist für einen Jungen, und dieses hier«, sie zog eines unter der Affenfelldecke hervor, »ist für ein kleines Mädchen. Ich hoffe, Niame bekommt ein Mädchen.« Erstefrau ließ ihre Augen noch einmal durch die Hütte wandern, um ganz gewiß zu sein, daß auch nirgendwo der Wind hereinwehen konnte. »Wenn sie älter wird, könnte sie mir auf dem Feld helfen, und wenn sie dann erwachsen ist, wird sie Vugiswe einen guten Brautpreis bringen.«

Doch Erstermann dachte an Moya, sein kleines Mädchen, und ein kalter Schauer durchlief ihn. »Nein, ich möchte einen Jungen für Niame«, sagte er. »Es ist besser, wenn ihr erstes Kind ein Junge ist. Vugiswe würde das auch besser gefallen. Später kann sie dann kleine Mädchen kriegen.«

Erstefrau seufzte. »Ja, vielleicht ist das besser.«

Und da berührte etwas Federleichtes ihre Wange, und Erstefrau wußte, daß Tokoloshi gekommen war. Sie mußte unbedingt Niame von Tokoloshi erzählen.

»Welchen Namen werden sie dem Jungen geben?« wollte sie von Erstermann wissen.

Doch ehe er antworten konnte, kam Niame. Sie führten sie schnell in die Hütte hinein und verhängten die Tür mit Antilopenfellen, um Wind und Mond den Zutritt zu verwehren.

Die Nacht war sehr still. Erstermann und Vugiswe saßen draußen neben dem Feuer. Erstefrau und Tokoloshi waren bei Niame.

Plötzlich kam von drinnen ein Schrei – ein gesundes, lautes Schreien. Erstermann lächelte. »Was für ein kräftiger Schrei«, sagte er, »ganz bestimmt ist es ein Junge.« Vugiswe eilte hinein, und im Vorübergehen bemerkte er, daß Tokoloshi die ganze Sahne aus der Kalebasse getrunken hatte. Er nahm seinen Sohn aus Niames Armen entgegen.

»So«, sagte er, »ein schöner, gesunder Junge. Wir werden ihn Ndhlovu nennen.«

»Ndhlovu? Der Elefant?« fragte Niame erstaunt.

»Ja«, antwortete Vugiswe, »wenn du dem Baby zu trinken gegeben und es in seine weiche Felldecke gewickelt hast, werde ich dir die Geschichte von Erstefrau und dem Elefanten erzählen, und dann wirst du verstehen, warum.«

Erstefrau und der Elefant

Als Niame am nächsten Morgen ihrem Baby zu trinken gegeben und es in seine warme Felldecke gewickelt hatte, nahm sie es auf den Arm und ging mit ihm hinaus, wo sie bei Vugiswe in der warmen Sonne sitzen und die Geschichte von Erstefrau und dem Elefanten hören konnte.

»Am Anfang aller Dinge, als Erstermann und Erstefrau aus dem See gekommen waren«, begann Vugiswe, »mußten sie sich sehr vor dem Elefanten hüten, denn als die Welt noch jung war, hatte der Elefant, genauso wie der Löwe, eine große Vorliebe für Menschenfleisch.

Als meine Schwester Moya, das Kind des Windes, noch sehr klein war, ließ Erstefrau, wenn sie auf das Feld ging, den ganzen Tag über das Feuer vor der Hütte brennen, damit weder Elefant noch Löwe es wagen würden, sich an das Kind heranzumachen, während es spielte.

Doch bei Moya wußte man nie, was sie tun würde, denn oft gehorchte sie nicht, und so geschah es, daß sie eines Tages, als der Wind über die Ebene fegte, die Hütte verließ und hinunter zum Fluß wanderte. Und dort löschte gerade der Elefant seinen Durst und bespritzte sich mit dem kühlen Wasser. Er war hungrig und gereizt und zögerte keinen Augenblick, Moya mit dem Rüssel zu packen, sie einmal durch die Luft zu wirbeln, sie ins Maul zu stecken und zu schlucken.

Als Erstefrau zur Hütte zurückkehrte, war ihr Kind verschwunden. Wie groß war da ihr Kummer. Sie suchte rings um den großen See nach ihr, sie suchte am Flußufer, sie suchte im hohen Gras, sie suchte, bis ihr vor Müdigkeit und Sorgen übel war. Gerade als sie sich auf den Weg zum heiligen See machen wollte – ja, sie war sogar bereit, jenen schrecklichen Ort aufzusuchen, obwohl er damals noch nicht Moyas Heimat geworden war –, berührte Tokoloshi sie an der Wange und flüsterte ›Elefant‹. Da wußte sie mit schrecklicher Gewißheit, daß der Elefant ihr Kind gefressen hatte. Aber sie wußte auch, was sie nun zu tun hatte.

Sie nahm die kleine Sichel zur Hand, mit der sie das Gras schnitt, das zum Dachdecken gebraucht wurde, versteckte sie unter ihrem Rock und machte sich auf den Weg hinaus ins Grasland.

Wie ein kleiner roter Blitz kam der Bienenfresser angeflogen und ließ sich auf dem Rücken der Koritrappe nieder. ›Bienenfresser, kleiner Bienenfresser‹, sagte Erstefrau. ›Der Elefant hat mein Kind gestohlen, und ich kann ihn nirgendwo finden.‹

›Er ist an dem dunklen See auf der Anhöhe vorübergegangen, jetzt gerade wandert er am Fluß entlang auf die Hügel am Fuß der Berge zu‹, zwitscherte der Bienenfresser.

Erstefrau ging an der Anhöhe vorbei und hinunter zum Fluß. Dort war der Fisch. ›Fisch, freundlicher Fisch‹, sagte sie, ›der Elefant hat mein Kind gestohlen, und ich kann ihn nirgendwo finden.‹

›Er hat aus dem Fluß getrunken, dann überquerte er auf den großen Trittsteinen den Fluß. Jetzt ist er auf dem Weg zur Felsenklippe, wo der Skorpion wohnt‹, blubberte der Fisch.

Erstefrau überquerte den Fluß auf den Trittsteinen und wanderte weiter bis zur Felsenklippe, wo der Skorpion wohnt. Dort begegnete ihr die Koritrappe. ›Kori-Kori, Skorpionjäger‹, sagte sie, ›der Elefant hat mein Kind gestohlen, und ich kann ihn nirgendwo finden.‹

›Er ist an der Felsenklippe vorbeigekommen, jetzt ist er unter den Bäumen, die die Hügel am Fuß der hohen Berge bedecken‹, krächzte die Koritrappe.

Erstefrau machte sich auf den Weg zu den Hügeln am Fuß der großen Berge. Als sie an den Rand der Wälder kam, sah sie den Fliegenschnäpper. ›Fliegenschnäpper mit dem leuchtendroten Schwanz‹, sagte sie, ›der Elefant hat mein Kind gestohlen, und ich kann ihn nirgendwo finden.‹

›Pst, Erstefrau‹, trillerte der Fliegenschnäpper ganz leise, ›der Elefant schläft gleich hier unter den Eukalyptusbäumen. Pst, pst . . .‹

Erstefrau schlich sich noch ein Stückchen weiter, und da sah sie ihn schon, wie ein riesiger, grauer Berg stand er da. Sie zitterte. Sie hatte schreckliche Angst vor dem Elefanten, aber sie wußte, was sie zu tun hatte, wollte sie ihr Kind retten. Sie richtete sich auf.

›Elefant‹, schrie sie ihn laut und grob an, ›großer, fetter, gefräßiger Elefant, gib mir mein Kind zurück, oder ich werde dir eins über den Rüssel geben, daß dir die Augen überlaufen!‹

Der Elefant öffnete zuerst ein Knopfauge, dann das andere. Er gähnte, streckte seinen Rüssel aus, packte Erstefrau, stopfte sie ins Maul und schluckte sie hinunter. Und genau das hatte Erstefrau gehofft, würde geschehen.

In der riesigen Höhle im Bauch des Elefanten war es sehr dunkel. Erstefrau stand ganz still, bis sich ihre Augen an das grau-schwarze Licht gewöhnt hatten. Dann sah sie Moya, die sich voll Entsetzen an die Höhlenwand gekauert hatte.

›Sei ganz ruhig, mein Liebes‹, sagte sie leise und legte ihre Arme um Moya. ›Bleib schön still sitzen, bis der Elefant wieder eingeschlafen ist.‹

Wie Donnergrollen drang bald das Schnarchen des Elefanten an Erstefraus Ohr, und sie wußte, daß sie nun sehr schnell arbeiten mußte, ehe das riesige Tier wieder erwachte.

Aus ihrem Rock holte sie die Sichel hervor und begann ein Loch in den Bauch des Elefanten zu schneiden. Rauf und runter ging die Sichel, hin und her, bis das Loch groß genug war, daß Moya und Erstefrau hinaus an die frische Luft kriechen konnten.

Mit einigen Dornen vom Wart-ein-Weilchen-Baum verschloß Erstefrau sehr sorgfältig das Loch, nahm ihre Tochter auf den Rücken und eilte so schnell sie konnte davon, hinaus aus dem Wald, an der Felsenklippe vorbei, wo der Skorpion wohnt, hinüber über die Trittsteine im Fluß, an der Anhöhe mit dem heiligen See vorüber, am Flußufer entlang und zurück in die Sicherheit der Hütte.

Mit großen Schmerzen am Bauch erwachte der Elefant. Er trompetete, daß die Berge erzitterten, aber er wußte, daß Erstefrau ihn besiegt hatte.

Noch immer ist der Elefant das größte und kraftvollste aller Tiere, doch seit jenem Tag ist er nie wieder auf Menschenjagd gegangen oder hat Menschenkinder gestohlen, auch hat er nie wieder den Menschen die Ochsen weggefressen. Von allen großen Tieren ist er das sanfteste. Er zertrampelt alles, was schlecht oder grausam ist – es ist sogar vorgekommen, daß er den Löwen zertrampelt hat –, aber niemals greift er Erstefraus Kinder an.«

Niame schaute auf ihr Kind. »Ja, du wirst mein kleiner Elefant sein, mein Ndhlovu. Du wirst groß und stark werden, und alles, was böse und grausam ist, wirst du zertrampeln, aber zu Erstefraus Kindern und ihren Kindeskindern wirst du immer gut und sanft sein.« Zärtlich küßte sie ihr Kind, strich ihm über das Köpfchen und wiegte es in ihren Armen.

Die Hyäne

Erstefrau und Niame arbeiteten auf dem Feld. Erstefrau wurde älter, und wenn Niame ihr eigenes Maisfeld vom Unkraut befreit hatte, kam sie oft herüber und half Erstefrau. Ndhlovu war bequem und sicher auf ihrem Rücken festgebunden, und während sie arbeitete, konnte er schlafen, und sie mußte ihn nicht alleine lassen, wenn sie hinaus aufs Feld ging. Sicher, der Elefant würde ihm nichts zuleide tun, aber es gab ja auch noch Löwen und Schakale – und den Wind. Sie hatte die Geschichte von Moya gehört, und sie wollte auf gar keinen Fall, daß Ndhlovu dem Ruf der Winde nach Manyeleti folgen würde.

Obwohl die Sonne schon fast die Berggipfel berührte, war es noch sehr heiß, und Erstefrau, die gerade eine Pause machte, um die Schultern und den schmerzenden Rücken zu strecken, war froh, als Niame sagte, es sei Zeit, daß Ndhlovu seine Milch bekäme – er trank sie immer aus Tokoloshis Kalebasse. Sie machten sich auf den Weg zurück zur Hütte, setzten sich mit untergeschlagenen Beinen nieder und lehnten sich an die Hüttenwand.

Niame rümpfte die Nase. Es roch nach etwas Unsauberem. Prüfend sog sie die Luft ein, dann sprang sie auf die Füße. »Hyänen«, schrie sie und rannte hinaus auf die Weide, wo die Kühe mit den Kälbern grasten.

»Hyänen«, rief Erstefrau und vergaß, wie müde sie war. Auch sie sprang auf, griff nach ihrer Hacke und eilte Niame nach.

Die Kühe hatten sich in einem Kreis um ihre Kälber herumgestellt; mit gesenkten Köpfen erwarteten sie den Angreifer, die Hörner bereit, die Hyänen zu zerfetzen, sollte sie es wagen, sich an ihre Kälber heranzumachen.

Die Hyäne geiferte. Ihr geflecktes Fell war rauh und mit Schmutz verklebt. Sie stank übel. Von allen Tieren riecht nur die Hyäne nach Kot. Sie griff die Kühe an, wich einem langen, spitzen Horn aus, versuchte, die Kühe zu zwingen, den Kreis zu öffnen, und schnappte nach einem Fuß. Sie hatte sich ein hübsches, fettes Kalb zum Abendessen ausersehen.

Erstefrau rannte auf die Hyäne zu und schwang drohend ihre Hacke. Von der anderen Seite kam Niame und wedelte wild mit den Armen. Die Kühe stießen mit den Hörnern nach der Hyäne. Jaulend machte sie kehrt und floh. Niame und Erstefrau gingen zur Hütte zurück.

»Wie gut, daß du die Hyäne gerochen hast«, sagte Erstefrau.

»Ja«, antwortete Niame noch immer ein wenig atemlos, »Hyänen stinken schrecklich, sie riechen nach Kot.«

»Weißt du auch, warum sie so riechen?« fragte Erstefrau.

Niame setzte Ndhlovu auf seine Affenfelldecke, schlug die Beine übereinander, lehnte sich an die Hüttenwand und wartete auf die Geschichte, die jetzt ganz gewiß kommen würde.

»Als Nkulunkulu die Hyäne machte, gab er ihr ein glattes, glänzendes Fell wie dem Hund. Damals war sie ein sauberes Tier, wenn auch kein sehr tapferes. Die Hyäne ist schon immer dem Löwen gefolgt und frißt, was er übrig läßt, oder sie greift nur kleine und schwache Tiere an, wie die neugeborenen Kälber. Nein, sie ist noch nie tapfer gewesen, aber sie war einmal sauber und glatt.

Dann machte sie den großen Fehler, sich den Hasen als Freund auszusuchen. Jedermann weiß, daß der Hase ein Bösewicht ist. Die Hyäne wußte das auch, aber sie dachte, sie sei klug und schlau genug, um den Hasen zu überlisten.

Hase und Hyäne hatten sich den lieben langen Tag im Gras vergnügt, sie hatten herumgetollt, Purzelbäume geschlagen und sich im weichen Gras gewälzt, und als der Abend kam, waren sie beide hungrig.

›Ich weiß, wo es ausgezeichneten, saftigen Mais zu holen gibt‹, sagte der Hase. ›Ich werde mal etwas davon besorgen, und du machst in der Zwischenzeit ein schönes Feuer mit viel Glut, damit wir die Maiskolben rösten können.‹

Als der Hase zurückkehrte, sah die Hyäne mit großem Mißvergnügen, daß er nur so viele Maiskolben gebracht hatte, wie er Zehen an einer Pfote hatte, und die Hyäne wußte, daß dies kein Abendessen für zwei war. Sie würde sich etwas ausdenken müssen.

Der Hase legte die Kolben in die Glut, und die beiden Tiere saßen dabei und schauten zu, wie die Körner braun wurden. Die Hyäne lächelte listig.

›Ich geh nur eben mal runter zum Fluß und hole uns Wasser zum Trinken‹, sagte sie. ›Mais macht mich immer durstig.‹ Sie nahm eine Kalebassenschale, und der Hase schaute ihr mit gerunzelter Stin nach, wie sie im fahlen Licht der Dämmerung davontrottete. Normalerweise schickte die Hyäne ihn weg, um Dinge zu holen und herzutragen. Was hatte sie jetzt im Sinn?

Die Hyäne schlich sich hinter einen Loquat-Baum und schlüpfte ganz leise aus ihrem Fell. Wie schrecklich sie aussah, mit nichts als dem nackten Fleisch bekleidet und den Augen, die in der Dunkelheit glühten. So machte sie sich auf den Weg zurück zum Hasen.

›Jahuuuuuuu‹, heulte die Hyäne. Der Hase sprang auf, sah das abscheuliche Untier auf sich zukommen und floh hinaus in die Dunkelheit. Die Hyäne lachte schadenfroh, setzte sich und ließ sich den Mais schmecken.

Als der Hase nun die Flucht ergriff, rannte er direkt zu jenem Loquat-Baum, denn er wußte, daß sein Laub dicht und seine Wurzeln knorrig waren und daß er dort ein Versteck finden würde. Doch als er sich niederkauerte und ihm das Herz vor Entsetzen zu zerspringen drohte, was sah er da? Das Fell der Hyäne, das an einem Zweig hing! So war das also! Hing das Fell der Hyäne hier an dem Baum, so hatte die Hyäne es keinesfalls an. Das abscheuliche Untier, das ihn gerade eben weggejagt hatte, hatte ebenfalls kein Fell angehabt. Nun würde ihm die Hyäne den ganzen Mais wegessen und ihn auslachen, weil er sich so leicht hatte täuschen lassen. So war das also!

Der Hase kroch vorsichtig aus seinem Versteck und holte das Fell vom Baum. Vor lauter Schadenfreude zog er seine gespaltene Nase hoch, lächelte böse und sammelte leise zwei große Kuhfladen ein, die die Kühe auf ihrem Weg zum Fluß hatten fallen lassen. Sorgfältig bestrich er damit die Innenseite des Fells. Der Kuhmist war warm und frisch und blieb überall in Klumpen kleben – in den Schultern, in den Knien, an den Knöcheln, hinter den Ohren – und als der Mist antrocknete, wurden die Klumpen hart und krustig.

Der Hase hängte das Fell wieder dahin, wo er es gefunden hatte, und hoppelte zurück zum Feuer, hielt sich jedoch im Schatten der Dunkelheit, damit die Hyäne ihn nicht sehen würde. Dann rief er sehr laut: ›Großer Löwe, Großer Leopard, Großer Elefant, das Untier ist hier! Tötet es für mich, ich bitte euch, denn ich fürchte mich allzusehr vor ihm!‹

Die Hyäne sprang auf. Löwe! Leopard! Elefant! Hatte der Hase in seiner schrecklichen Angst diese gefürchtetsten aller Tiere hergeholt, um Jagd auf das ›Untier‹ zu machen? Die Hyäne schaute in die Dunkelheit hinein, konnte aber nichts sehen.

›Großer Löwe, Großer Leopard‹, heulte sie, ›zerreißt mich bitte nicht, ich bin nur die Hyäne!‹

Und wieder rief der Hase aus der Dunkelheit: ›Zertrample es, Großer Elefant. Das kann nicht die Hyäne sein. Wie sollte dieses rote nackte Monster ohne Fell unsere alte Freundin, die Hyäne, sein?‹

Der Elefant sie zu Tode trampeln? Nein und noch mal nein! Sie mußte so schnell wie möglich wieder ihr Fell anziehen, damit alle Tiere sie erkennen konnten. Sehr leise – die Hyäne ist daran gewöhnt, sich leise durch das Buschland zu bewegen – schlich die Hyäne zu dem Loquat-Baum, nahm ihr Fell von dem Zweig, an dem es hing, und zog es an.

Es juckte sie an den Schultern. Irgend etwas rieb an den Knöcheln und an den Knien. In den Ohren kitzelte es. Die Hyäne zitterte am ganzen Leib. Es war schrecklich. Sie wälzte sich hin und her im Gras, um sich am Rücken zu kratzen, sie rieb die Ohren am Baumstamm, sie leckte die Ellenbogen und Knöchel. Es half alles nichts. Es fühlte sich an, als hätte sie nichts als groben Sand unter der Haut, und das Jucken wurde immer schlimmer.

Die Hyäne rannte dorthin zurück, wo sie zuletzt den Hasen gehört hatte. ›Hase‹, bellte sie jämmerlich, ›hilf mir, so hilf mir doch! Das Jucken macht mich verrückt!‹

Der Hase saß neben dem niedergebrannten Feuer. Er rümpfte die Nase, als die Hyäne näher kam.

›Hyäne‹, sagte er, ›du stinkst. Bitte, komm nicht näher.

Mir vergeht sonst der Appetit.‹ Damit nahm er den gerösteten Mais aus der Glut, hoppelte über das Grasland davon und verschwand.

Seitdem ist das Fell der Hyäne rauh und knubbelig, und den üblen Geruch ist sie nie wieder losgeworden.«

»Wie gut, daß sie den nie wieder losgeworden ist«, lachte Niame, »sonst hätten wir nie gemerkt, daß sie es auf die Kälber abgesehen hatte.«

Der Honigvogel

Die Kälber, die sich die Hyäne für ihr Abendessen hatte aussuchen wollen, waren groß geworden. Einige waren jetzt junge Kühe, die bald eigene Kälber haben und Milch geben würden. Aus zweien waren junge Stiere geworden – einer davon war dazu bestimmt, Fleisch für den Kochtopf abzugeben, und der andere würde stark und schön werden und den Platz von Mbulindhlelu einnehmen, dem ersten Stier, den Tokoloshi aus der Höhle geführt hatte. Mbulindhlelu – der Zuerstgekommene – war nun alt geworden und hatte keine anderen Wünsche mehr, als Gras zu fressen und zu schlafen.

Niame verwandte viel Zeit darauf, sich um ihre und auch um Erstefraus Herde zu kümmern, denn eine gute Tochter sorgt immer für ihre Mutter, und als Niame Vugiswes Frau geworden war, hatte sie bei Erstefrau Moyas Platz als Tochter eingenommen.

Niame und Erstefrau mahlten die Maiskörner zu grobem, gelbem Mehl. Da hörte Niame den Honigvogel rufen, »Ho-niiig, Ho-niiig«, rief er. Sie legte die flachen Mahlsteine zur Seite und rief zu Erstefrau hinüber: »Der Honigvogel ruft, komm!« Niame holte zwei große, leere Kalebassen, und dann machten sich die beiden Frauen auf den Weg.

Der Honigvogel flatterte zu den drei Wart-ein-Weilchen-Bäumen, ließ sich auf einem Zweig nieder, rief »Honiiig« und wartete. Niame war zuerst beim Baum. Der Honigvogel flog weiter zur Trauerweide und wartete wieder. »Ho-niiig«, hörten die Frauen. Erstefrau hatte ihn nun auch eingeholt. Sie trug einen dicken, glühenen Ast bei sich, den sie aus dem Feuer geholt hatte. Der Honigvogel schwang sich auf den ersten der Msasa-Bäume, die ein Stückchen weiter beisammen standen. »Ho-niiig, Ho-niiig!« rief er und blieb sitzen. Rings um den Baum summte ein Schwarm wilder Bienen.

Niame trat zurück und blieb in sicherem Abstand stehen. Als Erstefrau ein wenig Atem geholt hatte – denn es war doch eine recht lange Jagd gewesen –, trat sie ganz nahe an den Baum und schwang den glimmenden Ast hoch über ihrem Kopf. Die grauen Rauchschwaden stiegen wirbelnd nach oben und drangen in den Bienenstock ein. Voller Panik ergriffen die Bienen die Flucht, denn nichts ist für sie unangenehmer als der beißende Rauch vom Feuer.

Niame kletterte auf den Baum, nahm alle Waben aus dem Stock außer einer – denn eine muß man den Bienen stets dalassen, sonst gehen sie für immer weg und kehren niemals wieder – und reichte sie sorgfältig hinunter zu Erstefrau.

Erstefrau hielt die Waben über die Kalebassen und drückte vorsichtig den dicken gelben Honig heraus, dann legte sie das ausgedrückte Wachs ins Gras.

»Komm, kleiner Honigvogel«, sagte sie, »hier sind deine Waben, voll mit leckeren kleinen Larven, und siehst du, ich habe dir auch noch ein wenig Honig übriggelassen.«

Sie rief Niame, und gemeinsam machten sie sich auf den Weg zurück zu ihren Hütten. Jede trug eine Kalebasse voll köstlicher Süße auf dem Kopf.

»Erstefrau, warum holt sich der Honigvogel die Waben nicht selbst heraus, sondern ruft uns?« fragte Niame.

»Nun«, sagte Erstefrau und balancierte mit großer Geschicklichkeit den Honigtopf auf dem Kopf – es ist ja einfach so viel leichter, Dinge auf dem Kopf zu tragen, weil man dann die Hände frei hat – »nun, das war so:

Lange ehe Erstermann und ich aus dem See stiegen, war der Honigvogel da. Er wußte schon immer die Bienenstöcke zu finden, aber nie konnte er die Waben herausnehmen. Er ist zu klein, um sie festzuhalten. Außerdem, wenn seine Federn verklebten, würde er nicht mehr fliegen können. Eines Tages nun begegnete der Honigvogel dem Kleinen Dachs, der zusammengekauert unter der Trauerweide am Flußufer saß.«

»Dem Kleinen Dachs, dem Honigdachs?« fragte Niame.

»Ja, genau dem«, antwortete Erstefrau. »Der Honigdachs ist ganz verrückt nach Honig. Deshalb heißt er auch so. Sein dickes Fell schützt ihn zwar vor den Stichen, aber mit seinen kleinen Augen kann er die Bienenschwärme im hellen Tageslicht nicht erkennen. Des Nachts, wenn seine Augen groß werden, kann er am besten sehen, aber Bienen schlafen nachts, und deshalb kann er ihr Summen nicht hören, das ihn zu den Bienenstöcken führt.

Der Honigvogel hatte eine Idee. Was für ein vernünftiger Vogel er doch ist!

›Honigdachs‹, sagte er, ›ich habe Augen, mit denen ich Bienenstöcke finden kann. Du hast Pfoten, mit denen du die Waben holen, und eine lange Schnauze, mit der du den Honig lecken kannst. Du magst den Honig, aber du machst dir nichts aus den wächsernen Waben. Ich mache mir nichts aus dem Honig, aber ich bin ganz scharf auf die Larven in den Wachslöchern. Also werde ich die Bienenstöcke suchen, und wenn ich einen gefunden habe, will ich dich rufen. Du wirst die Waben herausnehmen, und wir werden gemeinsam einen Festschmaus halten.‹

Viele, viele Monde lang sind der Kleine Dachs und Honigvogel zusammen auf die Jagd gegangen. Aber der Honigdachs ist sehr scheu, und als Erstermann und ich kamen und uns im Grasland niederließen, verließ der Kleine Dachs das Flußufer und zog in die Hügel am Fuß der Großen Berge, wo er sich sein Haus unter der Erde baute, damit Erstermann ihn nicht finden würde.«

»Deshalb ruft der Honigvogel jetzt dich, damit du ihm die Waben aus den Stöcken holst?« fragte Niame.

»Ja«, antwortete Erstefrau.

»Aber du hast doch gesagt, der Honigvogel mache sich nichts aus dem Honig«, sagte Niame, »und trotzdem hast du noch etwas Honig in den Waben gelassen. Warum?«

»Für den Honigdachs«, antwortete Erstefrau. »Der Kleine Dachs ist doch so wild auf den Honig. Jetzt, nachdem wir weggegangen sind, wird er kommen und mit seiner langen Zunge die gelbe Süßigkeit aus den Waben lekken, die Larven wird er dem Honigvogel übriglassen.«

»Auch ich werde bald die gelbe Süßigkeit schlecken«, lachte Niame, »denn heute abend werde ich Honig in den Maisbrei mischen.«

»Wir werden alle ein Fest feiern«, sagte Erstefrau und fühlte, wie schwer die volle Kalebasse auf ihrem Kopf war.

Die Schlange

Ndhlovu saß neben Erstefrau draußen vor der Hütte im Sonnenschein. Erstefrau war jetzt sehr alt – ihr Gesicht war mit kleinen Falten und Furchen bedeckt, und in ihrem schwarzen Haar mit den festen Ringellöckchen waren kleine graue Flecken zu sehen. Er wußte, das bedeutete, daß sie sehr alt war. Aber ihre braunen Augen waren noch immer groß und sanft und hell.

Er liebte Erstefrau sehr. Er wußte, daß sie sehr tapfer war, denn Vugiswe hatte ihm vom Kampf mit dem Krokodil und dem Elefanten erzählt; er wußte, daß sie sehr klug und weise war, denn hatte nicht Erstefrau den Hund gezähmt und einen Jäger und Beschützer aus ihm gemacht? Er wußte, daß ein großer Segen auf ihr lag, denn saß nicht Tokoloshi bisweilen auf ihrer Schulter? Aber vor allem wußte er, daß sie wie niemand anderes Geschichten erzählen konnte, nicht einmal Niame würde jemals so schön erzählen können.

Er schaute hinunter zum Fluß, und da sah er plötzlich, wie sich das Gras leicht bewegte und eine kleine, schwarze Schlange über den Pfad glitt. Wie der Blitz hob Erstefrau einen Stein auf und warf heftig und voll Zorn nach der Schlange; vor Ärger und Enttäuschung schnalzte sie mit der Zunge, als der Stein danebenging und die Schlange auf ihre schlüpfrige Art davonglitt.

»Warum haßt du die Schlange so sehr, Erstefrau?« fragte er.

»Die Schlange hat den Tod in die Welt gebracht«, antwortete Erstefrau, und Ndhlovu hatte sie noch nie so hart reden hören. Seine Augen weiteten sich.

»Erzähl mir davon«, flüsterte er.

Erstefrau schüttelte ein wenig den Kopf, als wolle sie die schlimmen Gedanken vertreiben. Sie nahm Ndhlovus Hand in die ihre, und ihre Augen wurden wieder weich und sanft.

»Ja«, sagte sie, »wir Menschen lieben die Schlange nicht, aber das war nicht immer so. Sind nicht Erstermann und ich selbst einmal Schlangen gewesen? Als die Welt gerade erschaffen war und noch neu, war die Schlange wunderschön anzuschauen, sie war die Freundin der Menschen, die Freundin aller Tiere, ja, sogar die Freundin von Nkulunkulu.

Als die Welt ein wenig älter wurde, beschloß Nkulunkulu, daß es Zeit sei, den Menschen das größte Geschenk zu machen, das er für sie hatte, nämlich das Geschenk des ewigen Lebens. Wenn die Menschen älter wurden, mußten sie ihren Körper erneuern können, damit ihr Leben ewig währte, und dazu brauchten sie eine neue Haut.

Nkulunkulu packte alle neuen Häute, die es gab, in zwei große Körbe, die seine Frau Nbelingane aus dem Schilfgras, das am heiligen See wächst, geflochten hatte. Dann rief er Duiker, die schnellste aller Antilopen, und gab ihr die Körbe.

›Nimm diese Häute‹, sagte Nkulunkulu, ›und bringe sie so schnell du kannst zu den Menschen. Ruhe dich nicht aus auf dem Weg, und lasse die Körbe keinen Augenblick aus dem Auge, denn viele Jahreszeiten lang habe ich an diesen Häuten gewebt, und andere wird es nie mehr geben.‹

Die Antilope nahm die Körbe und machte sich auf den Weg. In großen Sprüngen flog sie über die trockenen Sandwüsten nach Süden, durch das Land, wo die kleinen gelbhäutigen Jäger leben, über die Hügel, wo der Dornbusch wächst und das Wild selten ist, bis hinauf in jene hohen Berge dort und auf der anderen Seite wieder herunter in die Hügel am Fuß der Berge. Und da begegnete ihr die Schlange.

›Was hast du in deinen Körben?‹ fragte die Schlange.

›Neues Leben für die Menschen‹, keuchte die Antilope. ›Nkulunkulu hat mich zur Botin auserwählt, den Menschen diese Häute zu bringen, damit sie ewiges Leben hätten.‹

Ewiges Leben? dachte die Schlange bei sich.

Duiker war jetzt sehr müde und durstig. Ihre Zunge war dick geschwollen, und weißer Schaum bedeckte ihre Lippen.

›Warum gehst du nicht trinken?‹ fragte die Schlange hinterlistig, denn sie hatte beschlossen, daß sie das neue Leben für sich und ihre Kinder stehlen würde.

Die Antilope hörte den Fluß ganz in der Nähe über die Steine rauschen. ›Paß auf meine Körbe auf, kleine schwarze Schlange‹, sagte die Antilope und hatte Nkulunkulus Befehl, die Körbe nie aus den Augen zu lassen, ganz vergessen. ›Gib gut auf sie acht, ich will eben zum Fluß hinuntergehen und trinken.‹

Die Antilope stieg mit ihren zierlichen Hufen gewandt über die Felsen und lief unter den Bäumen hindurch hinunter zum Fluß. Mit einem Seufzer der Erleichterung tauchte sie ihre Nase in das kühle Wasser und trank, bis sie nicht mehr konnte. Sie stellte sich ins Wasser, um ihre Hufe zu kühlen, reckte den Hals und atmete tief die kühle

Abendluft ein. Sie hatte einen weiten, weiten Weg zurückgelegt, aber der morgige Tag würde das Ende der langen Reise sehen.

Aber die Antilope hatte das Krokodil vergessen. Während sie ihre Hufe im Fluß kühlte und sich das Wasser über Nase und Ohren rinnen ließ, kam ein langer grauer und knorriger Baumstamm angeschwommen, trieb näher und näher und immer näher, schnappte einmal zu, packte Duiker am Bein und zog sie hinab in seine Höhle unter dem Wasser.

Als die Sonne am nächsten Morgen aufging, kannte Nkulunkulus Zorn keine Grenzen. Lange, lange Zeit suchte er nach der Schlange. Er suchte in den Bäumen, unter den Felsen, selbst im Fluß und sogar in Manyeleti, aber die Schlange war nirgendwo zu finden. Sie hatte am Ende eines langen und tiefen Ganges ein Loch in die Erde gegraben, dort unten in der Finsternis feierte sie mit ihren Kindern und Kindeskindern den Raub der neuen Häute in den Körben.«

Erstefrau schwieg. Nichts rührte sich. Ndhlovu berührte mit einem Finger ganz sacht ihre Wange.

»Bekommt deshalb die Schlange so oft eine neue Haut und läßt die alte im Gras liegen?« fragte er.

»Ja«, seufzte Erstefrau. Ihre Stimme klang leise und wie aus weiter Ferne. »Ja.« Wieder schwieg sie lange. Dann fügte sie hinzu: »Und deshalb müssen alle Menschen sterben.«

Sie schloß die Augen und saß ganz still an die Hüttenwand gelehnt. Den Kopf hielt sie Manyeleti zugewandt, um ihren Mund lag ein sanftes Lächeln. Als ihre Seele sich aufmachte und Moyas Pfad entlangwanderte, senkte die Weide ihren Kopf, und die Weberfinken wurden unruhig in ihrem Nest. Dann glitt ein schwarzer Schatten, so lang wie dein Zeigefinger und so schwarz wie eine mondleere Nacht, von ihrer Schulter und verlor sich in den Schatten des weiten Graslandes.

Geschichten aus aller Welt

Horacio Quiroga
Der Papagei mit der Glatze
Geschichten aus Südamerika
Mit Zeichnungen von Frank Ruprecht

R. Andrade Barbosa/Cica Fittipaldi
Großvater Ussumane erzählt...
Tiergeschichten aus Afrika
Mit zahlreichen farbigen Abbildungen

Markus Kuhn/Katharina Regenhardt
Prinzessin Merlina
Mit vielen Fotos

Annette Kohl-Beyer (Hg.)
Der weiße Elefant
Volkserzählungen aus Asien

Georg Klusemann
Die wundersame Reise nach Esmir
Mit Zeichnungen des Autors

Alle Bücher in festem Einband